教育行政学 改訂新版

勝野正章・藤本典裕【編】

学文社

■執筆者一覧■

＊勝野　正章	東京大学	［1章］
青木　栄一	東北大学	［2章］
坂田　仰	日本女子大学	［3章］
平田　淳	弘前大学	［4章］
塩野谷　斉	鳥取大学	［5章］
本多　正人	国立教育政策研究所	［6章］
小島　優生	獨協大学	［7章］
廣田　健	北海道教育大学釧路校	［8章］
＊藤本　典裕	東洋大学	［9章］
高津　芳則	大阪経済大学	［10章］

（＊印＝編者／執筆順）

まえがき

　こんにちの教育と教育行政の変化にはめまぐるしいものがある。とりわけ教育行政の動向についてみれば，少子高齢化とグローバル化への対応策として推進されている構造改革として「官から民へ」「国から地方へ」の改革が進められてきたことが強い影響を及ぼしている。そうした背景のもとでの教育や教育行政の改革は必ずしも内発的な変化であるわけではないが，だからと言ってすべて政治経済の論理のみにしたがって進んでいるものでもない。教育行政学の課題は，まず現実の教育行政を対象にして，それを十分に説明することであるが，その際に教育行政固有の論理に即して分析することが放棄されてはならない。そうでなければ，教育行政学の存在そのものが危うくなるだろう。

　そうした観点からは，現実の変化に教育行政学の研究や理論の発展が追いついているかどうかが常に自覚的に問われる必要がある。本書は，主に大学の教職課程を履修している学生など，教育行政学をはじめて学ぶ読者を想定して執筆されている。そのために，なるべくわかりやすい説明となるように心がけたが，随所に教育行政学に対する反省的な記述も含まれている。それらはそれぞれの執筆者の考えを反映したものであり，本書全体を通じて完全に統一されたものではない。この点，もしかすると教科書的な著作にはふさわしくないことかもしれないが，むしろ読者が教育行政学に対する関心を深める契機となることを期待したい。各章に付された参考文献を手にとってみることをお薦めする。

　もう一つ，本書ではできる限り最新の教育行政の変化を踏まえて記述するようにしたが，出版の時点でも教育基本法改正や義務教育費国庫負担制度改革などの重要な改革のゆくえが定まっていない。著作の限界として仕方のないことであるが，教育行政学を学ぶ読者は新聞記事やホームページ，論文などで最近

の変化を把握するようにして欲しい。教育と教育行政はまだ当分の間は改革の渦中から抜け出すことはできないだろう。また，本書の記述のなかに，すでに法規や制度の改革が行われていたりして現実に即していないものがあるかもしれない。そうした点については，ご指摘をいただければ幸いである。

　本書の編者・執筆者の多くは「若手」の教育行政学研究者である。できるだけ普段から専門的に研究している分野を担当したが，それでも執筆の過程でこれまでの研究を整理するだけでなく，新しいことを学ぶことになった。その意味で本書は，読者が教育行政と教育行政学に対する関心を深め，多くのことを学んで欲しいと願いつつ行った編者・執筆者たちの学びの成果である。本書に対する忌憚のないご意見やご教示をお願い申し上げたい。

2005年8月

編　者

　このたび本書の改訂新版を出す機会を得た。教育基本法改正や義務教育費国庫負担制度改革などを受けて2008年4月に改訂版を出したように，今回も2014年6月の地方教育行政の組織及び運営に関する法律の改正による教育委員会制度改革をはじめ，教育と教育行政に関わる重要な法律の制定・改正や制度改革を反映し，内容の充実を期すものである。これまでと同様，本書をよりよい教育行政学のテキストにするため，読者からの忌憚のないご意見を頂戴できれば幸いである。

　最後に，今回も学文社の二村和樹氏には一方ならぬお世話になった。ここに心からの感謝の意を表したい。

2015年2月　改訂新版にあたって

編　者

教育行政学
改訂新版

目　　次

第1章 教育行政と教育行政学 ―――――――――― 7

    1　教育行政の主体　7
    2　教育行政の活動　9
    3　教育行政学の課題　13

第2章 教育行政を動かす組織 ―――――――――― 17

    1　地方教育行政を担う組織　17
    2　国の教育行政はどのような組織が担っているのか　24
    3　教育行政組織はどう変わりつつあるのか　27

第3章 教育を受ける権利の保障 ―――――――――― 31

    1　学校教育に関する児童・生徒，保護者の権利　31
    2　義務教育と就学保障　36
    3　特別なニーズをもつ子どもの教育　40

第4章 学校の管理と経営 ―――――――――― 47

    1　学校運営にかかわる諸要素　47
    2　開かれた学校づくり　53
    3　学校評価　58

第5章 就学前の子どもたちの教育 ―――――――――― 63

    1　幼児教育・保育制度　63
    2　保育内容と方法　67
    3　近年の幼稚園・保育所をめぐる動き　70

第6章 教育費と教育財政 ―――――――――― 77

    1　教育財政の制度と機能　77
    2　地方分権と地方教育財政　85
    3　学校財務　88

第7章 教育活動を支える諸条件 ―――――――――― 93

    1　教育条件整備とは　93
    2　設置主体と条件整備にかかわる法制度　96

3　学校の設置・管理と組織編制　98
　　4　教員配置と給与　101
　　5　そのほか教育条件整備にかかわる制度　104

第8章　生涯学習・社会教育行政 ―――――――――――――― 107

　　1　生涯学習と社会教育　107
　　2　社会教育の歴史と権利としての社会教育の成立　109
　　3　教育基本法の改正と社会教育・生涯学習　111
　　4　生涯学習・社会教育行政の運営原則　112
　　5　主な生涯学習・社会教育制度　117
　　6　今後の課題　120

第9章　教職員の養成・採用・研修と身分保障 ――――――――― 121

　　1　教員という職業　121
　　2　教員の養成と採用　122
　　3　教員養成の仕組み　124
　　4　教員の採用選考　127
　　5　教員の研修　129
　　6　教員の身分保障　131
　　7　おわりに－教員養成にかかわる新しい動き　133

第10章　教育課程行政と教科書 ―――――――――――――― 135

　　1　教育課程行政の基本的考え方　135
　　2　学習指導要領　138
　　3　教科書　143
　　4　教科書問題の歴史　145

　索　引　153

第1章 教育行政と教育行政学

はじめに

 教育行政の定義にはいくつかあるが，ここでは「国や地方公共団体が教育政策を実現するため，教育法規を基礎に教育制度を運営し，教育条件の整備と教育活動の規制・助成を行うこと」（三輪定宣編著『教育行政学』八千代出版，1993年，4頁）という定義を紹介しておこう。本章では，この定義を念頭に置きながら，教育行政とは誰が，何をするものであるかについて，次章以降でより詳しく述べられることを概観する。そして，教育行政にかかわる改革や変化のなかで教育行政学の課題にはどのようなものがあるのかについても，簡単に触れることにしよう。

1 教育行政の主体

教育行政の主体

 教育行政の主体は国と地方公共団体であり，それぞれにおいて中心的な役割を担っているのは文部科学省と教育委員会である。ただし，文部科学省以外にも，教育にかかわる行政を担っている国の省庁は少なくない。たとえば，経済産業省は生涯学習，厚生労働省は保育，職業能力開発に関する国の行政において重要な一角を占めている。また，日本私立学校振興・共済事業団（私立学校への補助金交付事業と私立学校教職員を対象とする共済事業を運営している）のように，近年設立された独立行政法人のなかにも，教育行政の主体に準ずると考えられるものがある。

 同様に，地方公共団体の教育に関する事務も，教育委員会がすべてを管理・

執行するのではなく，首長（都道府県知事，市町村長）との間で権限の分担がなされている。すなわち，教育機関の設置・管理・廃止，教育財産の管理，教育委員会・教育機関の職員の人事，学校の組織編制・教育課程・学習指導・生徒指導・職業指導，教科書その他の教材の取扱いなどに関しては，教育委員会の職務権限（地方教育行政の組織及び運営に関する法律＝地教行法21条）である。一方，大学，私立学校，教育財産の取得・処分，契約の締結，予算の執行などに関しては，首長の職務権限である（地教行法22条）。

教育行政主体間の関係

　近年，この地方公共団体の首長と教育委員会の間の役割分担を見直そうという議論が活発に行われてきた。たとえば，中央教育審議会の教育制度分科会地方教育行政部会による部会まとめ「地方分権時代における教育委員会制度の在り方について」（2005年1月）は，教育委員会が管理・執行している文化財保護，文化，スポーツに関する事務を地方自治体の判断で首長が担当できるようにすること，また，幼児教育（教育委員会の所管は公立幼稚園のみ），私立学校に関する事務については，首長部局と教育委員会との間の連携をいっそう強化する方向を検討すべきだとした。

　実際に，生涯学習を首長部局に移管したり，文化財保護やスポーツに関する事務を首長部局の職員に「補助執行」（地方自治法180条の7）させている地方公共団体もある。2008年4月からは条例の定めるところにより，地方公共団体の首長がスポーツに関すること（学校における体育に関することを除く），文化に関すること（文化財の保護に関することを除く）のいずれか又はすべてを管理・執行できるようになった（地教行法23条。あわせて，都道府県知事による私立学校に関する事務の管理・執行における教育委員会との連携強化も規定された。27条）。こうした動向の背景には地方分権が進み，地方公共団体に対する自律的な政策立案・実施の要請が増していることがある。

　2014年6月の地教行法改正により，首長と教育委員会の関係にさらに大きな変更が加えられた。首長が招集し，首長と教育委員会で構成される総合教育

会議を新設して，教育の条件整備や重点的に講ずべき施策，児童・生徒等の生命・身体の保護等緊急の場合に講ずべき施策について協議・調整を行うことになった。首長は，この総合教育会議の協議に基づいて，教育，学術及び文化の振興に関する総合的な施策の大綱を定める。また，教育委員会には，教育委員会を代表する教育委員長（非常勤）と，教育委員会によって任命され，事務局を統轄する教育長（常勤，教育委員を兼任）が存在したが，両者を新「教育長」に一本化して，名実ともに教育委員会の代表者とするとともに，首長が直接，新「教育長」を任命することになった（詳しくは，第2章を参照）。以上の教育委員会制度改革により，住民の意思を代表する首長の地方教育行政における権限と責任が明確化された（ただし，上記の教育委員会の職務権限に変わりはない）。

　また，最近では教育行政における国と地方公共団体の関係も，分権化を基調としつつ，国の責任をより強調する動きが生じており，それほど単純ではない。2006年12月の教育基本法改正を受けた地教行法の改正によって，文部科学大臣は教育委員会に対し，法令違反や事務の管理・執行の怠りを改めるべきことを指示できるものとされた（地教行法50条）。2014年6月の地教行法改正では，いじめによる自殺の場合等を想定して，文部科学大臣がこの指示ができる条件が明確化された。具体的には，児童・生徒の生命・身体の被害の発生または拡大を防止するため緊急の必要がある場合である。児童・生徒の教育を受ける機会，その他の教育を受ける権利の侵害が明らかな場合，文部科学大臣が教育委員会に対して行う地方自治法上の「是正の要求」（245条の5）について，「構ずべき措置の内容」を示すものと規定されている（地教行法49条）こととあわせて，このような変化は地方教育行政に対する国の関与を強めるものであり，地方分権に逆行するものだという批判も寄せられている。

2　教育行政の活動

教育行政活動の性質

　教育行政は，学校教育と社会教育・生涯学習を中心として，スポーツ，文化，

文化財保護なども対象にしており，さまざまな活動を行っている。なかでも，とくに重要な活動は，教育機関・施設（学校，図書館，博物館，公民館等）を設置し，教育活動を実施できるようにすることである。これには，職員の給与費などの経費を負担することが含まれる。さらに，国や地方公共団体は私立学校をはじめ，認可外保育施設など民間の教育機関に対しても補助金を交付している。このような行政活動は，教育の条件整備や教育活動に対する助成と呼ばれるものである（教育行政が行う条件整備について，詳しくは第7章を参照）。

　しかしながら，教育行政の活動には，その性質が条件整備であるのか，規制（一定の義務を課したり，行為に制約を加えたりすること）であるのかを判然と区別するのが難しいものも少なくない。たとえば，義務教育費国庫負担金などの補助負担金制度が，国が地方公共団体を統制する手段としてみられることもあった（義務教育費国庫負担金制度をめぐる近年の変化については，第6章を参照）。また，文部科学大臣は教育課程に関する事項を省令（学校教育法施行規則）で定め，学校で編制する教育課程の基準として学習指導要領を公示しているが，場合によると，こうした活動は条件整備の範囲を越えて，教育活動に対する規制としての性質をもちうる（第10章を参照）。

規制・統制と自律性

　教育委員会と教育機関との関係についても，同様に規制・統制と自律性をめぐる問題がある。教育機関は設置主体である地方公共団体の教育委員会が管理するのが原則（設置者管理主義，学校教育法5条）だが，中央教育審議会の答申「今後の地方教育行政の在り方について」（1998年9月）は，この教育委員会による管理が学校の主体的活動を制約しがちであることを指摘するものであった。たとえば，教育委員会が「教育機関（学校）の管理運営の基本的事項」について定める学校管理規則が，許可・承認・届け出・報告など，詳細に教育委員会の関与を規定しているという問題である。ほんらい，教育内容・方法に関する専門的事項については，教育委員会は法律上の強制力のない指導・助言を通じて，学校の教育活動を支援（助成）することが望ましいが，指導・助言が法律上の

強制力をもつ指示・命令と区別されないことが少なくない。

　また，教育委員会は教育機関の職員の任免権者であって，研修を行い，服務を監督し，勤務成績の評定（勤評）を行う。このような教育委員会による職員人事も，教育機関の教育活動に直接影響を及ぼすものであり，場合によっては規制（統制）的性格を帯びる可能性がある。教員の勤評についても，かつて裁判の判決で「内容，方法如何によっては，行政権の限界を超え，教育基本法10条の精神に反することもありうる」と述べられたことがある（東京高判昭49.5.8，行裁例集25巻5号。ただし，結論としては，1958年に東京都教育委員会が実施した教員の勤務成績の評定が教育基本法10条の精神に反するとは，客観的に明白であるとはいえない，というものであった）。このように，教育行政が教育条件整備，教育活動に対する支援を行うべきところで，権力的な規制・統制を行っているのではないかという問題は，たびたび紛争を引き起こし，裁判において教育行政（国・地方公共団体）が訴えられるという事態も生じさせてきた。

　上記の中央教育審議会の答申「今後の地方教育行政の在り方について」は，教育行政において国や都道府県の関与が些末な部分にまで及んでいるものがあり，都道府県や市町村の主体的な施策の展開を妨げているとも指摘していた。これらの関与のあり方については，地方分権一括法の施行（2000年4月）に伴い，一定の改善が図られることになった。また，教育委員会と学校の関係についても，学校の裁量権限拡大が提起されるとともに，校長・教頭への適材の確保，教職員の資質向上，学校運営組織の見直し，地域住民の学校運営への参画などによって，学校の自主性・自律性を確立する施策がとられるようになっている（第4章を参照）。

規制改革・民間開放（構造改革）

　すでに述べたように，教育行政の重要な活動は教育機関を設置し，管理することである。教育機関のうち学校については，国と地方公共団体以外には，私立学校法に定める学校法人のみが設置できることとされている（教育基本法6条1項，学校教育法2条）が，義務教育についてみれば，私立学校はなお少数派に

とどまっている。文部科学省の「平成25年度学校基本調査」で設置者別の学校数をみると、幼稚園は国立49校、公立4817校、私立8177校、小学校は国立74校、公立2万836校、私立221校、中学校は国立73校、公立9784校、私立771校、高等学校は国立15校、公立3646校、私立1320校、中等教育学校は国立4校、公立29校、私立17校、特別支援学校は国立45校、公立1021校、私立14校である。

近年、政府が進めている規制改革・民間開放（構造改革）は、このように学校設置主体が限定されており、国と地方公共団体が設置した学校が多数を占める状況に対し、これを「官製市場」と呼んで問題視する。そして、多様な主体による学校経営を認めようというものである（2004年5月、規制改革・民間開放推進本部決定「規制改革・民間開放推進のための基本方針」などを参照）。

このような改革を推進する目的は、いわゆる「官業」の民間開放によって教育提供主体の新規参入を図ることで、「活力ある経済社会」を実現することにある。また、「消費者・利用者の選択肢」を拡大させ、教育供給主体間に競争原理を働かせれば、教育の質が高まると考えられている。

このような主張に対して、当初、文部科学省は公共性、安定性、継続性が求められる学校教育では、教育供給主体の多様化を安易に認めるべきではないとして、株式会社・NPO法人等による学校経営の解禁に反対の姿勢をとっていたが、その後、条件付き容認に転じた。中央教育審議会も「学校教育としての質の確保に十分配慮しつつ」、構造改革特区（教育特区）における、公立幼稚園、高校の管理運営の学校法人への委託についても検討することが適当とする答申を提出した（「今後の学校の管理運営の在り方について」2004年3月）。また、社会教育の分野においても、地方自治法を改正して導入された「指定管理者制度」（244条）を利用して、公立図書館などの運営を民間事業者に包括的に委託することが可能となっている（第8章を参照）。

こうした流れを受けて、2004年4月には、4校の株式会社立学校が開校した。また、NPO法人による学校設置も可能になっている。こうした株式会社立学校やNPO法人立学校は、構造改革特区（教育特区）の認定を受けた地方公共団

体において，地域の特徴を生かした教育の実施，地域産業を担う人材の育成，不登校児童・生徒を対象とした教育など「特別なニーズ」がある場合に特例として認められるものである。また，地方公共団体が校地・校舎等を無償または廉価で貸与・譲渡することで設置された私立学校である公私協力学校も2005年以降誕生している。さらに，2013年には国家戦略特別区域法附則において，産業の国際競争力の強化，国際的な経済活動の拠点形成の観点から，地域の特性に応じた多様な教育を実施するため公立学校管理を民間委託すること（公設民営学校）に向けた検討が提起されている。このように規制改革・民間開放（構造改革）は，教育行政が担う役割の変化をもたらし，これまでよりも多様な主体による教育機関の設置・管理はどうあるべきかという課題を突きつけている。教育に関する意思決定や運営を行政機関（公的部門）が専ら担うのではなく，NPOや私企業などの参画も得て実行するようになる，このような変化はガバナンス改革と呼ばれることがある。

3 教育行政学の課題

教育法と教育行政学

　従来の教育行政学は，教育法規の解釈論を偏重していたと批判されることがあった。この批判にも的を射た部分がないわけでない。しかし，教育行政は教育法規に基づいて行われなくてはならないという原則（「教育行政の法律主義」）が認められているだけでなく，教育行政主体の実際の活動が教育法規を中心とする教育制度によりかなりの程度規定されていることも確かである。今日では，政治学や経済学などの隣接学問分野との対話をしつつ，教育行政の実施過程における主体間の相互作用，また諸主体の活動と教育法規を重要な要素とする制度との相互作用のより詳細な解明をめざす教育行政学研究が進められている。

　また，教育と教育行政のあるべき姿に照らして，現実の教育行政を批判する規範的な教育行政学では，教育行政を事実に即して，客観的に分析し，理解することはできないとの批判もある。とくに，教育の内的事項（教育内容・方法）

と外的事項(財政・施設・設備など)を区分して、教育行政の活動は外的な条件整備に限定されるべきであるという規範(内外事項区分論)からは「教育問題の解明に向かって教育行政活動を理論的に考察しようとする強い動機」(黒崎『教育行政学』岩波書店、1999年、108頁)は生まれないという厳しい批判がある。

教育の内的事項と外的事項を区分して、それぞれに関する教育行政活動の性質は異なるべきであるという規範は、旧教育基本法10条1項が「教育は、不当な支配に服することなく、国民全体に対し直接に責任を負って行われるべきものである」と規定していることと、2項が教育行政の目標を「教育の目的を遂行するに必要な諸条件の整備確立」としていることを調和させる原理であったといえる。すなわち、1項は「教育が政治的支配や官僚的統制の犠牲になることなく、学問の自由と教育の自主性を尊重して行われなければならない」(平原春好『教育行政学』東京大学出版会、1993年、39頁)ことを意味するのであり、このような意味での「教育の自主性」の確保を教育行政の重要な任務として課していたのである。

教育基本法の改正

教育の最終的な決定権を天皇制国家が握っていた戦前の反省の上に立ち、戦後は、教育を受ける権利(憲法26条)と学問の自由(憲法23条)を保障する憲法のもとで、「国民を教育の主人公とする新しい体制」(平原、同上書、32頁)が敷かれた。旧教育基本法1条の教育の目的「教育は、人格の完成を目指し、平和的な国家及び社会の形成者として、真理と正義を愛し、個人の価値をたつとび、勤労と責任を重んじ、自主的精神に充ちた心身ともに健康な国民の育成を期して行われなければならない」を実現し、教育を受ける権利を実質的に保障するために、教育の自主性が確保され、教育行政が「諸条件の整備確立を目標として行われなければならない」とされたのである。これは、学校教育だけでなく、社会教育についても同じであった(第8章を参照)。

このような教育行政権限に関する抑制的理解(規範)は、国民の教育権論と呼ばれて、国民の意思の付託を受けた立法機関(議会)及び行政機関に大きな

権限を認める国家の教育権論との間に論争を生みながら，教育行政学の発展に貢献してきたが，これに対する批判として，「教育の自主性」原理から安易に学校・教員の教育の自由を導き出し，主張することで，「本来的に教員が有しているはずの権力性を覆い隠す」ことになり，「学校と家庭の対立的契機」が意識されていないという指摘もある（詳しくは，第3章を参照）。

2006年12月22日に公布された教育基本法（旧教育基本法の全部改正による新教育基本法）は，「我が国と郷土を愛する」態度を養うことなど，国家主義・権威主義的傾向をもつ教育の目標を新たに盛り込んだことをはじめとして，その内容と性格が大きく変更された。教育行政についても例外ではない。まず「国民全体に対し直接に責任を負って」が削除され，「この法律及び他の法律の定めるところにより」（16条1項）と置き換えられることで，教育行政のあり方を規定する基礎が「教育と国民の関係」（辻田力・田中二郎監修／教育法令研究会著『教育基本法の解説』）から，教育と法律（国家）の関係へと変更された。また，教育行政における国と地方公共団体との「適切な役割分担と相互協力」および「公正かつ適正」な実施を求める一方で，教育行政の任務について，その限界を定める抑制的規定が削除された。この改正の結果，戦前において教育に対する過度の国家介入が行われたことの反省から教育の自主性を尊重する趣旨で設けられた教育と教育行政の区別は弱められた。

教育行政学の課題

戦後日本を代表する教育行政学者である宗像誠也は「教育行政とは権力の機関が教育政策を現実化すること」であるという定義を残した（『教育行政学序説』岩波書店，1954年，1頁）。ここで，教育政策というのは「権力に支持された教育理念」のことであり，教育理念は「教育の目的と手段と，内容と方法との総体」を意味する。この定義からは，教育政策の実現を通して，教育のあり方をなかば独占的に決定している教育行政という姿が浮かびあがってくる。

このような把握に対して，今日においては「教育問題がもはや教育政策の直接の帰結であるという前提を捨てなくてはならない」のであり，「むしろ教

行政は教育の現実によって挑戦されている」との異論も寄せられている（黒崎勲，前掲書，114頁）。この主張によれば，受験戦争の低年齢化，不登校，いじめ，体罰などのさまざまな教育問題は，文部科学省や教育委員会の方針の帰結として生じているのではない。「現状の深刻さに対処できないでいることに責任があるにせよ，少なくともこの事態の直接の責任が教育行政にあるとはいえない」と言われる。

　さらに，今日では，教育に関する意思決定や運営が専ら行政機関（公的部門）によって担われるのではなく，NPO，私企業，住民等の参画を得て実行されるようになっている。このようなガバナンス改革は，行政機関（公的部門）が担う領域の縮小により，多様な教育供給・運営主体の参入を図り，主体間の競争によって財政効率や教育の質向上が可能になるという市場主義的性格を併せ持つことがある。また，教育行政と教育機関において，営利企業など私的部門の測定可能な目標設定と業績評価を重視する経営・運営方式の導入（NPM：New Public Management）が進められている。

　今日の教育行政は主体間関係が変化を遂げつつあり，新たな主体による参入もみられる。教育行政の活動の質的変化も生じている。その結果，従来の教育行政の規範原理（教育と教育行政の区別，政治的中立性，安定性，継続性など）の適切性が改めて問われている。こうした教育行政の変化・改革の中で，達成されるべき教育の目標や質とはどのようものであり，それを誰が決め，どのように保障していくのかの原理（規範論）的究明も，教育行政の動態の客観的・実証的把握とともに，教育行政学の課題であることを改めて確認しておこう。

【勝野　正章】

参考文献

三輪定宣編著『教育行政学』八千代出版，1993年
平原春好『教育行政学』東京大学出版会，1993年
黒崎勲『教育行政学』岩波書店，1999年

第2章　教育行政を動かす組織

はじめに

　一般に教育委員会と考えられているのは，教育委員会事務局である。しかし，この事務局は教育長と4人の教育委員から構成される狭義の教育委員会のもとにおかれる機関である。両者を混同しないように注意してほしい。なお狭義の教育委員会と教育委員会事務局を合わせて広義の教育委員会と把握される。また，教育長は教育委員会の代表者であると同時に，事務局を指揮・監督する立場でもある。

　2014年に地方教育行政の組織及び運営に関する法律（以下，地教行法）が改正されたことで，今後，教育行政にどのような変化が生じるのか，注視していく必要がある。

1　地方教育行政を担う組織

教育委員会・教育長

　地方における教育行政を行う組織には教育委員会と首長部局（都道府県知事，市町村長のことを首長と呼ぶ。首長の下におかれる組織を首長部局あるいは知事部局，長部局などと呼ぶことがある）がある。このうち教育委員会には教育長と教育委員の会議，教育委員会事務局（教育庁と呼称する場合もある）などがおかれ，地方教育行政の中心的組織である。首長部局では私立学校，高等教育を所管するほか，最近では生涯学習，文化，文化財，スポーツ，幼児教育等を所管することもある。現在，教育委員会の数は都道府県47，市790，特別区23，町741，村182である（このほか，全部教育事務組合，一部教育事務組合，広域連合，共同設置と

いう設置形態もあるが例外的なものであり、設置数は少ない。『全国教育委員会一覧』
2014年版)。

　一般に教育委員会と呼ばれる際には、実は教育委員会事務局のことをさしている場合が多い。教育委員会は原則教育長1名と教育委員4名から構成される合議制の執行機関（行政委員会）である。教育長と教育委員はそれぞれ首長が議会の同意を得て任命する（図2.1参照）。教育長は常勤、教育委員は非常勤である。教育長の任期は3年で教育委員は4年である。まれではあるが議会によって首長の提案が否決される場合もある。教育長は教育委員会の会務を総理し、教育委員会を代表する。教育長は教育委員会事務局（後述）の統括責任者となり、実務のトップとなる。教育委員会制度が狙うところは、教育を生業としない教育委員が体現するレイマンコントロールと、教育行政の専門的人材である（とされる）教育長が体現するプロフェッショナルリーダーシップの協調であるとされる。しかし、現実には両者は並立してはいるが、調和するには至っていないと批判される。

　教育長の属性の特徴は以下の通りである。都道府県の場合、直前歴は地方公務員23人、教育委員会関係職員9人、教職員9人、国家公務員2人である。教職経験者は21人、教育行政経験者は37人、一般行政経験者26人である。

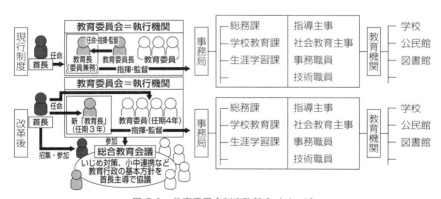

図2.1　教育委員会制度改革のイメージ
(出典：時事ドットコム『図解・行政』教育委員会制度改革のイメージ（2014年6月）を一部改変)

市町村の場合，直前歴は教職員4割，地方公務員，教育委員会関係職員がそれぞれ2割である。教職経験者7割弱，教育行政経験者8割，一般行政経験者3割である。また年齢は65歳以上4割弱，60〜64歳5割弱，50〜59歳2割であり，比較的年齢が高いが，これは退職校長が教育長となる場合が多いためである。性別でみると女性の教育長は63人（3.7%）である。待遇面では，給与月額は平均58.1万円で，自治体のトップ層（首長，副知事・副市町村長）のうち，副知事・副市町村長と匹敵する給与を受けている（「調査」）。

教育委員は非常勤の地方公務員であり，本業を営んでいるか，無職（退職者等）の場合が多い。都道府県では専門的・技術的職業従事者，管理的職業従事者がそれぞれ4割程度である。また教職の経験がある委員は全体の2割強である。市町村では専門的・技術的職業従事者，管理的職業従事者が2割程度，農林漁業作業者が1割強，無職が4割弱である。教職経験をもつ委員は全体の3割である。市町村の教育委員の報酬は月額制と年額制に大別され，月額制では月額4万円以上6万円未満が最も多く，年額制では18万円以上22万円未満が最も多い（文部科学省「教育行政調査」（2013年5月1日現在），以下「調査」と略称）。

教育行政の大綱の策定は首長が策定するが，事前に総合教育会議で協議・調整する。この会議体は首長と教育委員会（教育長と教育委員）から構成される。首長が招集し，会議は原則公開される。大綱のほか，教育の条件整備など重点的に講ずべき施策，児童生徒等の生命・身体の保護等緊急の場合に講ずべき措置が協議・調整される。

教育委員会の会議（狭義の教育委員会）と教育委員会事務局はそれぞれどのような仕事をしているのだろうか。教育委員会の会議の主な仕事は，（1）公立学校の設置・管理・廃止（2）教職員の人事（3）教育課程，生徒指導（4）教科書，その他の教材の取り扱い（5）施設設備，整備（6）社会教育（7）スポーツ，文化，文化財である。

教育に関する大綱の下に首長と教育委員会はそれぞれ所管する事務を執行する。なお教育委員会の会議で具体的政策立案がなされることはまれである。審議事項はほとんどなく，教育委員と事務局との個別的な質疑が多いのが一般的

である。議案とされるのも教育委員会規則の改定を除き，各種催しの後援への名義提供，各種表彰，審議会委員等の人事といったルーティン的事項が多く，報告事項とされる。これは，教育委員会の会議が単独で予算の裏づけをつけることができないため，教育委員会が具体的な政策を立案し，決定しても実施が保障されないからである。

　これに対して，教育長の所管する事務は多岐にわたり，重い責任も負っている。教育長は，教育委員会の会務を総理し，教育委員会を代表し，教育委員会の会議を招集する。事務局の事務を統括する役割も果たす。この仕事には所属の事務局職員（事務職員，指導主事，社会教育主事，技術職員等）を指揮・監督することも含まれる。地教行法には教育委員会の職務権限が列挙されている（21条）が，実際には教育長をトップとして教育委員会事務局が担っている。たとえば教育機関の設置，管理，廃止（1項），就学事務（4項），学校の教育課程等（5項），教科書，教材関連（6項），学校給食（11項），社会教育関連（12項），スポーツ（13項），文化財（14項）など学校教育以外も所管する。

　地方自治体では教育委員会のほか，首長部局も教育行政にかかわりをもつ。首長部局では高等教育（大学，短大等の教育機関）の設置，管理や私立学校行政（私学助成など）を所管する。また教育委員会事務局の職員と首長部局の職員は人事交流する。なお，教育関係の条例案，教育関係の予算案については首長が議会に提出することとなっており，教育委員会からは提出できない（地教行法29条で予算案を作成する際には首長は教育委員会から意見を聴取することと定められている）。

地方教育行政組織の特質

　教育行政は主として教育委員会により担われ，教育長が事務面のトップであるが，これは福祉，建設といった他の行政領域とは異なる機構である。なぜ首長部局に教育部長，教育課長といった肩書きをもつ職員をおく形態によって教育行政が運営されないのだろうか。これは歴史的な経緯から説明できる。戦後改革では首長の影響を相対化するために執行機関多元主義が重視され，行政委

員会制度が採用された。教育委員会もこのような文脈で設置されることとなった。教育行政が行政委員会によって運営されることとなった理由は，戦後改革で教育行政について，一般行政からの独立民主性といった原理が重視されたからである（戦後教育委員会法が制定された際には，教育委員を住民が直接選挙で選ぶという制度だった（公選制）。また教育委員会が予算原案を首長に提出することが可能であった。これらは先述した原理を重視したことを反映している）。教育委員会法を全面改正した地方教育行政法では中立性，継続性，安定性をより重視することとなった。これは教育委員会法時代，教育委員選挙が低投票率だったこと，都道府県の教育委員に教職員組合の関係者が組織票により数多く選出されたこと，教育予算をめぐり教育委員会と首長部局との軋轢が生じたことなどが問題とされたためである。その結果，教育委員を首長による任命制としたほか，教育予算編成についても首長部局に一元化することとなった。中立性については，たとえば次のような説明をするとより理解できるだろう。教育委員会が設置されているため，首長が教育行政を自分の思い通りにしようとしても，1年ごとに教育委員を替えていく必要があり，すべての教育委員を替えようとすると首長自身の任期が終わってしまう。このように首長の意向が浸透するための時間が通常の行政機構よりも必要となるところに地方教育行政組織の特質がある。

　なお，教育委員会の姿は，執行機関としての性質は残されたものの2015年4月から大きく変わった。教育長の役割は，以前の教育委員長と教育長の役割をあわせもつものとなった。教育長を常勤化し，教育長の教育委員兼任をやめたうえで（専任化），教育長に教育委員会の代表者と事務局長の性質をもたせたといえる。首長の任期中に必ず教育長を任命できるようにするため，教育長の任期は3年とされた。以前の制度では教育長は教育委員会が任命し，その指揮・監督のもとに置かれたが，新しい制度では首長が教育長を直接任命するため，教育委員会と教育長の間には指揮・監督関係が存在しない。

教育委員会事務局
　実際の地方自治体の教育委員会事務局は以下のような組織となっている。都

道府県では，仕事の内容は総務系統，学校教育系統，生涯学習系統に大別される。総務系統には総務，財務，福利厚生を担当する課がおかれることが多い。総務課では教育委員会の会議の庶務が主な仕事である。財務では予算編成，教育施設の整備といった仕事を行っている。

　学校教育系統の組織構成は大きく分けて2つパターンがある。第1のパターンは「指導」と「管理」が分かれているものであり，それぞれ義務教育，高校を所管している。つまり，「指導課」「教職員課」というような名称の課に義務教育担当と高校担当がおかれている。第2のパターンは義務教育，高校という校種別にまず組織が分かれており，それぞれに「指導」と「管理」を所管するものである。つまり，「義務教育課」「高校教育課」に指導・管理担当がおかれるような形態である。生涯学習系統は生涯学習（社会教育），文化，スポーツ，文化財を所管する課がおかれる。このほか，教育委員会は学校，公民館，図書館，教育センター等の施設・機関を所管する。

　なお，実際の都道府県教育委員会事務局では教育長の下に複数の課がおかれるのが一般的であるが，部をおくところもある（埼玉県，千葉県，東京都，愛知県，京都府，広島県，愛媛県，福岡県）。このほか，最上位のセクションに「局」をおくのが北海道，和歌山県，熊本県，「室」をおくのが大阪府である。2000年以降，分権改革の影響もあり，組織構成が多様化している。特に従来のライン組織（部・課・係のような系統）にくわえてスタッフ組織がおかれるようになってきた。従来の教育次長のほか，副教育長（埼玉県），教育監（東京都），企画幹（福井県），義務教育統括監（岐阜県）のように教育次長級職員の名称の多様化が進んでいる。

　市町村の教育委員会事務局組織もおおむね都道府県と同様であり，総務系統，学校教育系統，生涯学習系統の部局をおいている。また，小規模の町村では教育長の下に学校教育係と社会教育係がおかれ，数名の職員が働いている場合もある。教育委員会の組織の一部を首長部局に移管する動きも強まっている。全市を対象とした島田桂吾の調査によれば，2010年時点で首長部局への移管率は，社会教育で5.2%，文化で8.1%，スポーツで8.9%である。一方で教育委員会が幼稚園を所管する割合は私立76.7%，公立90.7%であり，首長部局が保

育を所管する割合は93.6％である。また，就学前教育や子育て支援を一括して所管する「子ども課」が増えている。教育委員会におかれる自治体と，首長部局におかれる自治体とが存在する。

都道府県教育委員会事務局には，一般に教育事務所と呼ばれる地域・ブロック単位の出先機関がおかれる。群市単位におかれる場合もあれば，県土を二分割するようなより大きな単位に区分されることもある（富山県，岡山県，香川県）。名称は教育事務所が一般的であるが，教育局と呼称する場合もある（北海道，京都府）。また，本庁直轄地をおく県もある（東京都，神奈川県，福井県，熊本県）。一方，教育事務所をおかない例は8府県ある（三重県，滋賀県，大阪府，奈良県，和歌山県，山口県，徳島県，長崎県）。2000年代に入り，教育事務所の廃止，統合がすすんでいる。これは行財政改革を背景としたものである。教育事務所の数は北海道の14が最大であり，福井県の1が最小である（『全国教育委員会一覧』2014年版）。

では，このような教育委員会事務局で勤務するのはどのような職員だろうか。職員は，行政職と教員出身者（いわゆる本籍地が学校にあるため教員籍と呼ばれることが多い）に大別される。行政職は総務系統で勤務する場合が多い。一般には首長部局に採用された職員が人事異動により教育委員会事務局に勤務し，数年後再び首長部局に戻る。教員出身者は，県費負担教員がいったん教員の身分を離れて教育委員会事務局に勤務する（勤務する自治体の職員となるため，教員に対する諸手当は受けられない）。このような職員は，指導主事，管理主事，その他管理職（教育次長，学校教育課長，義務教育課長等）として勤務する。一般に教育委員会事務局には数年間勤務し，その後再び学校で勤務する。教育委員会事務局への勤務は学校管理職の登竜門とされることが多い。指導主事，教頭，校長と昇進していき，その間，教育委員会で課長などを歴任する場合もある。指導主事は学校に対する教育課程，学習指導等の指導に関する事務を行う（地教行法19条）。管理主事は教職員の人事に関する事務を行うため都道府県におかれる。市町村では指導主事の配置率が人口規模により格差がある。2013年時点では，50万人以上の自治体が97.1％，30万人以上50万人未満の自治体が

100％であるのに対して、5000人以上8000人未満の自治体が40.4％、5000千人未満の自治体が16.9％の配置率である。おおよそ人口3万人を境にして配置率に大きな違いがある（「調査」参照。なお、教育委員会事務局にはこのほか学校施設等の建設・修繕を行う技術職員がおかれることがある）。

　教育委員会は各々の自治体の教育行政運営にあたっているが、全国規模、都道府県単位の団体を構成し、活動もしている。全国規模の教育委員会関係団体としては全国都道府県教育委員会連合会（94人）、全国都道府県教育委員長協議会（47人）、全国都道府県教育長協議会（47人）、全国市町村教育委員会連合会（8295人）、指定都市教育委員・教育長協議会（119人）、全国都市教育長協議会（801人）、中核市教育長連絡会（43人）、全国町村教育長会（927人）がある（『全国教育委員会一覧』2014年版）。また地方六団体（全国知事会、全国都道府県議会議長会、全国市長会、全国市議会議長会、全国町村会、全国町村議会議長会）も教育行政に関して活動している。2000年代はじめには、全国知事会が三位一体改革に伴う義務教育費国庫負担制度見直し論議で地方六団体のとりまとめ役を果たした。新たな教育委員会制度が生まれる過程では、地方六団体が「教育委員会制度等に関する意見」を表明した（2013年4月19日）。

2　国の教育行政はどのような組織が担っているのか

文部科学省

　国の機関で教育行政を担う中心は文部科学省（Ministry of Education, Culture, Sports, Science and Technology）である。文部科学省は2001年1月の中央省庁等改革により文部省（Ministry of Education, Science, Sports, and Culture）と科学技術庁（Science and Technology Agency）が統合したものである。文部科学省の組織は文部科学大臣のもとに、副大臣（2名）、大臣政務官（2名）の政治的任用職と事務方のトップである事務次官のほか文部科学審議官（2名）が首脳部を形成する。組織としては大臣官房と原局（生涯学習政策局、初等中等教育局、高等教育局、科学技術・学術政策局、研究振興局、研究開発局、スポーツ・青少年局）、外局（文化庁）

に大別される（図2.2）。大臣官房は総務，人事，会計という総務系統の仕事のほか，国会対策等の渉外事務，省内の調整なども行う。原局とは，行政の対象と直接接触する最前線のセクションである。たとえば，初等中等教育局は局長の下に初等中等教育企画課，財務課，教育課程課，児童生徒課，幼児教育課，特別支援教育課，国際教育課，教科書課，教職員課，参事官がおかれている。

　国の教育政策を立案する際には審議会による審議を経る場合が多い。文部科学大臣から審議会に対して諮問を行い，これについて調査研究を踏まえた審議を行い，答申を提出する。答申の多くは行政施策に反映され，法令の改正などが行われる。現在，文部科学省におかれている審議会には中央教育審議会（中教審），教科用図書検定調査審議会，大学設置・学校法人審議会，科学技術・学術審議会，宇宙開発委員会，放射線審議会，文化審議会，宗教法人審議会，国立大学法人評価委員会，文部科学省独立行政法人評価委員会がある。中央教育審議会には教育振興基本計画部会，高大接続特別部会，教育制度分科会，生涯学習分科会，初等中等教育分科会，大学分科会，スポーツ・青少年分科会がおかれている。2010年代以降の主な中教審答申には「教職生活の全体を通じた教員の資質能力の総合的な向上方策について」（2012年8月28日），「新たな未来を築くための大学教育の質的転換に向けて」（2012年8月28日），「今後の青少年の体験活動の推進について」（2013年1月21日），「第2期教育振興基本計画について」（2013年4月25日），「今後の地方教育行政の在り方について」（2013年12月13日），「道徳に係る教育課程の改善等について」（2014年10月21日）（なお教育が国政の重要課題とされる場合に首相・内閣に教育関連審議会がおかれる場合がある。これまでに臨時教育審議会（中曽根内閣），教育改革国民会議（小渕，森内閣），教育再生会議（第一次安倍，福田内閣），教育再生懇談会（福田内閣），教育再生実行会議（第二次安倍内閣））の例がある。

国の施策

　文部科学省が初等中等教育について行っている取り組みは「義務教育の質保証」をキーワードとしている。第1に2011年から新たな学習指導要領の全面

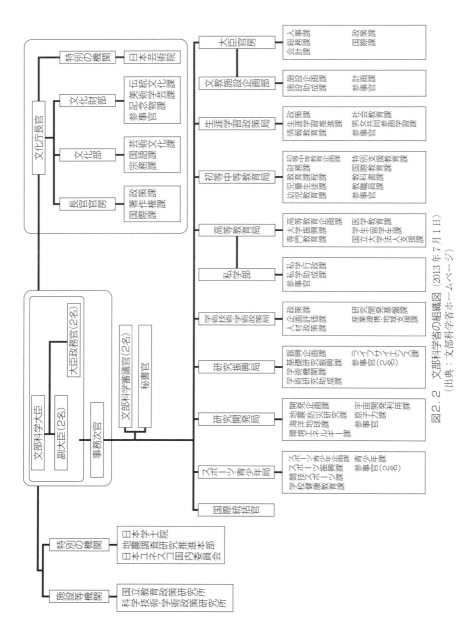

図 2.2 文部科学省の組織図（2013 年 7 月 1 日）
（出典：文部科学省ホームページ）

実施が始まった。基礎的・基本的な地域・技能の習得と思考力・判断力・表現力等の育成の両方を狙いとするため、教科等の授業時数を増加した。第2に全国的な学力調査の実施である。2007年度から小学校6年生、中学校3年生を対象として全国学力・学習状況調査を実施している。

　2015年度予算要求にみる文部科学省の施策は次の通りである。教育再生を基本理念とし、「社会を生き抜く力の養成」「未来への飛躍を実現する人材の養成」「学びのセーフティネットの構築」を柱としている。

　文部科学省のほかにも中央省庁が教育行政にかかわる場面がある。たとえば、財務省は国の予算編成過程で文部科学省の概算要求等を査定する。また一般に財務省は財政健全化の方針をもち、補助負担金の削減を指向しているため、文部科学省のように巨額の補助負担金を所管する省庁とは対立関係となる場合がある。総務省は地方交付税を所管することから、教育関係の交付税措置の場面で文部科学省の予算とかかわる。また総務省は総合行政を指向するため、首長の権限を制約する教育委員会制度に対しては批判的立場をとっている。地方財政についても補助負担金の一般財源化を指向するため、文部科学省とはこれまでも対立関係になったことがあった。

　このほか、環境問題の注目の高まりに伴い、エコスクールのような施策では他省とのかかわりが増えている。エコスクールへのパイロット事業では、文部科学省と経済産業省が分担して所管している。環境省、国土交通省、農林水産省も環境教育等へかかわりのある事業を行っている。また、幼児教育では文部科学省が幼稚園（学校教育法1条に根拠をもついわゆる1条校）を所管するのに対し、厚生労働省は保育所（児童福祉施設）を所管している。

3　教育行政組織はどう変わりつつあるのか

　教育行政の特質は、教育行政組織同士の関係が密接なところである。とくに、旧文部省時代の教育委員会との関係は密接であった。法的には機関委任事務、措置要求といった文部省の教育委員会に対する権威を高める仕組みがあった。

人的には教育長の任命にあたって，市町村の場合は都道府県教育委員会，都道府県の場合は文部大臣による承認が必要とされていた（教育長任命承認制）。財政的にも教職員給与，学校施設整備に対する補助負担金により国の影響力は高いとされてきた（第6章を参照）。

また，教育行政における国と地方の関係の特徴として，指導行政というソフトな行政手法があげられる。地方教育行政法にも「指導するものとする」という表現で，国から地方に対する指導が積極的に位置づけられてきた。国と地方の関係といっても，文部省と教育委員会の関係という縦割りの関係がほとんどであった。このような国と地方の関係については批判もあったが，地方自治体が国よりも行政能力の面で劣っていたことは否めないし，全国的に画一な教育サービスを提供するために国の権威を高めておく必要はあったことに留意したい。戦後復興の事例を想起するまでもなく，教育行政は社会的に必要とされる行政需要に集中的に行政資源を投入する必要に迫られ続けてきた。教育サービスの水準を一定程度まで高めるためには国が水準確保のために地方自治体の行動に制約を加えてきたことも事実であるが，それは国が不当に地方自治体を抑圧しようとか，支配しようと考えて行ったものではないことには留意すべきである。

さて，教育行政の分権改革が進展するにつれて，これまでの国の権威を高めるような仕組みが改められてきた。機関委任事務は法定受託事務となり，地方自治体の行動には自由度が増した。教育長の任命承認制度も廃止され，人的な面で国の指導を確保する制度的根拠はなくなった。財政面でも補助負担金の改革（三位一体の改革の一環）がすすみ，義務教育費国庫負担金の国の負担率が2分の1から3分の1となった。この改革過程では負担制度の改廃が論じられるなど，都道府県，市町村への財源委譲がすすんだ。国から地方への指導のあり方も変化した。地教行法については「指導することができる」（48条）と改正され，国の指導がより限定的なものとされた。また国と地方の関係では，首長部局が教育行政にかかわることが増えたため，従来のような文部科学省と教育委員会の関係による行政運営のあり方も変容してきた。その象徴的事例が教育委

員会制度の任意設置論，廃止論などの議論である。分権改革によって教育行政においても自治体の判断で政策立案する余地が拡がったために，首長（部局）の影響が教育行政に及びはじめたのである。これは教育行政であっても，新規事業を行う際には予算編成の責任をもつ首長（部局）の影響が大きいことを反映している。

　また，自治体が自ら政策を立案し，実施するようになったため，自治体同士の関係に目を配る必要が出てきた。先進的な政策（例として，山形県や埼玉県志木市の少人数学級編制，愛知県犬山市の副教本づくり等）を立案，実施する自治体が叢生し始めているのが今日の教育行政の特徴の1つであるが，すべての自治体が先進自治体ではないことも確かである。先進自治体の政策は近隣の自治体にとどまらず，全国的に注目され，県外の自治体でも同種の政策を導入する自治体も現れている。県でいえば，山形県の少人数学級編制「さんさん」プランは山形県教育委員会主催の少人数学級編制研究会を通じて全国的に注目されるようになった。この研究会は都道府県教育委員会の情報交流の場としても機能した。こうした動きは従来，国の各種基準が自治体にとって最高基準であると同時に最低基準であったのと異なり，今日では国の基準が最低基準であることが明確となったからである。というのも先進的政策の多くが国の基準を上回る水準のサービスを提供（上乗せ・横出し）するものであり，そのためのノウハウの蓄積はほとんどの自治体ではなかったからである。そのため，先進自治体へ視察・照会を行うことで，短期間にノウハウを獲得しようとする。こうした水平的な自治体同士の関係が構築されはじめているのが今日の教育行政組織の関係の特徴である。

　一方，市町村への分権も具体的にすすみはじめているため，都道府県教育委員会と市町村教育委員会との関係もこれまでにない状況となりつつある。最も象徴的な事例は，公立義務教育諸学校の学級編制及び教職員定数の標準に関する法律の改革，義務教育費国庫負担制度の改革に伴う，教職員給与負担・教職員人事権の責任の所在をどうするかという議論である。分権を求める市町村からはこれらの責任・権限・財源を市町村に移すべきという要望が強く出されて

いる。分権を是とする立場からは市町村への権限移譲は必要なことであるが，これが実現すると現行のようなスムーズな広域人事が滞る可能性もある。行政能力のない市町村へ優秀な教員が配置されないような事態が想定されるが，このような市町村に対する補完的機能を担うものとして都道府県の役割は当面は重要であると思われる。なお，政令指定都市への県費負担教職員の給与負担の移譲が2017年度以降に実現する見込みである。

　分権改革の進展などから，自治体にとってはこれまでよりも自律的に政策立案，実施を行う必要が増している。そのため政策機能の強化をはかるために，教育委員会事務局の機構改革をすすめている自治体が増えている。一般的には，(教育) 政策課というような名称の組織を新設することが多い。さらに教育改革推進のために特命的職員を配置することもある。これはいわゆるスタッフ的職員であり，次長，部次長といった職位で処遇され，議会対応，市民対応，マスコミ対応，政策立案などを担う。このほか，教育委員会制度改革をうけ，教育長，教育委員，教育委員会事務局職員の専門性をどう向上させるかが新しい課題となっている。　　　　　　　　　　　　　　　　　　　　【青木　栄一】

参考文献

青木栄一『地方分権と教育行政―少人数学級編制の政策過程』勁草書房，2013年
新藤宗幸『教育委員会―何が問題か』岩波書店，2013年
寺脇研『文部科学省―「三流官庁」の知られざる素顔』中央公論新社，2013年

第3章 教育を受ける権利の保障

はじめに

　本章の課題は，教育という営みについて「権利」と「義務」という法的側面から光を当てることにある。教育学の世界においては，教育という営みを専ら非権力的な行為としてとらえようとする傾向がいまだに強い。しかし，ブルデュー等の指摘を待つまでもなく，教育には文化や階級を再生産するための「権力的」側面が強く存在している。教育という営みを「権利」と「義務」の視点から分析するということには，教育にかかわる主体相互の法的関係を明らかにするとともに，この権力的関係の限界を同定するという意味を含意している。

1 学校教育に関する児童・生徒，保護者の権利

教育主体──国家の教育権と国民の教育権

　学校教育のあり方を論じようとする場合，学校，家庭（保護者），地域社会という三教育主体の間で，適切な役割分担を行い，相互の連携を強化することの重要性を指摘するのが普通である。だが地域社会は，誰もが感覚的に理解しているように曖昧模糊とした存在であり，法的には教育主体としての実体的意味を有しない（ただし，子どもの権利条約には地域共同体への言及がある）。それゆえに，法的議論としては，学校と保護者の関係をどうとらえるかが専ら問題となる。この点，欧米においては，子どもの教育をめぐって学校と家庭が対峙し，「学校教育からの自由」を含意する「家庭教育の自由」とその限界が議論の中心を占めている。

　しかし，日本の議論は様相を異にし，学校教育の存在を当然の前提として，

その教育内容の決定権をめぐり,「国家の教育権」と「国民の教育権」の対立という形で問題が顕在化してきた。国家の教育権説は,選挙という民主的正統性を背景とした国家が,政治的プロセスのなかで教育内容を決定するべきであると主張する。これに対し,国民の教育権説は,教育内容の決定を,教員や保護者（親）,地域住民の自律に委ねるべきとしている。公教育制度を,親の子に対する教育義務の共同化（私事の組織化）としてとらえ,学校教育が有するイデオロギー性,権力性を意図的に捨象しようとする。そして,教育内容の決定を通常の統治過程ではなく,社会一般に解放することを追求してきたのである（森田明「教育を受ける権利と教育の自由」『法律時報』49巻7号,1977年）。

国民の教育権説の特徴は,教員と保護者を同じ「国民」の側に位置づけ,学校と家庭の関係を予定調和的にとらえるところにある。だが現実には,校則の内容,性教育のあり方,そして就学義務に関する考え方等,何が「子どもの最善の利益」となるかをめぐり,両者の関係が敵対的になることも少なくない。さらに「権力への懐疑」を前提とする立憲主義的立場からは,両者の関係を予定調和的にとらえることによって,学習成果の評価権等を背景に教員が本来有しているはずの権力性を覆い隠すことになるという疑義が提起されている。

公教育がそもそも純粋な意味で私事の組織化にすぎないのであれば,「保護者の代理人にすぎない教師は保護者の指令に従うべきであり,……教師に固有の自由を認めるべきでない」(長谷部恭男「私事としての教育と教育の公共性」『ジュリスト』1022号,1993年)。にもかかわらず,保護者による指令に従う教員の義務を正面から肯定する議論は存在しない。この事実は,いったん組織化された親の義務が教員に「信託」されたという論理を通じて,「個々の教師の教育活動に対する親の側のコントロール権は断ち切られていた可能性が高い」ことを示唆している（西原博史「愛国主義教育体制における『教師の自由』と教育内容の中立性」『教育法学会年報』32号,2003年)。ここに教員,保護者（親）,地域住民の自律という国民の教育権が有するフィクション性,ないしは欺瞞的性格を読み取ることが可能である。ともあれ,以下では,学校と家庭の対立的契機を意識しつつ,学校教育をめぐる「保護者の権利」をまず概括することにしたい。

保護者の権利——自然権とパレンスパトリエ

　西欧諸国においては，家父長制度の下，子どもは親（父親）の「所有物」として扱われる状況が長らく続いていた。親は，子どもにどのような教育を与えるか，あるいは与えないかを決定する絶対的な権利を有しているとされ，この権利はいわゆる「自然権」に由来すると説明された。子どもを学校に通わせる場合にも同様のロジックがとられ，学校（あるいはその教員）は，子どもが自己の保護下にある間，親の委任を受けて，親代わりとして，子どもに接する権限が与えられると考えられてきたのである。

　しかし，19世紀半ばから20世紀初頭にかけて，産業社会化の波が進行するに連れて漸く児童福祉法制の必要性に対する認識が深まっていく。適切に子どもの養育を行うことができない保護者に代わり，国家が子どもの保護にあたるという「国親（パレンスパトリエ）」思想が台頭してきたのである。その中核に据えられたのが，少年裁判所制度と義務教育制度であった。親の委任というロジックを採用せず，独自の権限に基づき子どもの救済に乗り出す「国親」としての国家は，自己の教育思想，教育価値を有することができる。ここに現在も続く保護者（親）と学校（教員）の教育にかかわる権限の対立が生み出される契機が存在している。

　両者の対立は，最終的に教育訴訟という形で司法の場でその決着がつけられることになる。訴訟社会であるアメリカ合衆国ではとくにその傾向が強く，算数，保健体育等の法定された必修授業の内容が，家庭が信奉する宗教的価値と相反するとして，数多くの訴訟が繰り返し提起されてきた。他方，州政府等も，公立学校への就学強制や放課後の補習学校の廃止等，保護者の教育権限の減殺を狙った強引な立法措置を行うといった例が存在し，ときにはアメリカ合衆国最高裁判所によって違憲判決を受けるといった事態も生じている（たとえば，Pierce v. Society of Sisters, 268 U.S. 510（1925）など）。

　だが，日本の状況は欧米と相当に異なっている。これまで日本の保護者は，学校と対立してまで自らの価値観に基づいて子どもを教育するという意識に乏しかった。というよりも，学校現場においては，「すべて学校にお任せします」

という言葉を聞くことさえ珍しいことではなかったのである。

　その状況を反映し，授業の内容や就学義務にかかわる訴訟もほとんど存在しない。唯一の例外といえるのが「日曜参観訴訟」である。この事件は，日本基督教団の牧師と副牧師を保護者とする小学生が，礼拝と教会学校を優先し日曜参観授業を欠席したことに起因する。保護者と子どもは，信教の自由（憲法20条）その他を根拠に，指導要録に記された欠席の抹消を求めて訴訟を提起した。

　事件を担当した東京地方裁判所は，宗教行為に参加する児童に対して授業の出席を免除することは，宗教，宗派ごとに「重複・競合の日数が異なるところから，結果的に，宗教上の理由によって個々の児童の授業日数に差異を生じることを容認することになって，公教育の宗教的中立性を保つ上で好ましいことではない」だけではなく，「公教育が集団的教育として挙げるはずの成果をも損なうことにならざるをえず，公教育が失うところは少なくない」とする。そして，「公教育上の特別の必要性がある授業日の振替えの範囲内では，宗教教団の集会と抵触することになったとしても，法はこれを合理的根拠に基づくやむをえない制約として容認している」と判示している（東京地判昭61.3.20,『判例時報』1185号67頁）。

　一方，最高裁判所は，統一学力テストの適法性を巡って争われた「旭川学テ判決」において，保護者の教育の自由に関して，西欧流の自然法的視点から言及している。保護者は，「子どもに対する自然的関係により，子どもの将来に対して最も深い関心をもち，かつ，配慮をすべき立場にある者として，子どもの教育に対する一定の支配権，すなわち子女の教育の自由を有すると認められる」とする。しかしその一方で，保護者の教育の自由は，「主として家庭教育等学校外における教育や学校選択の自由にあらわれるものと考えられる」と判示し，その範囲に大幅な限定を付すという折衷的立場を採用したのである（最大判昭51.5.21,『判例時報』814号33頁）。両判決から，学校と保護者の権限の衝突に際し，比較衡量的手法を用いて解決をはかるべきであるとの一般論に立ちながらも，具体的判断にあたっては学校側の裁量権を大幅に認めるという日本の裁判所の基本的姿勢を見て取ることが可能といえよう。

児童・生徒の権利——権利主体性と意見表明権

　学校現場において,「子どもの幸せに配慮する」というフレーズをよく耳にする。法的視点からこのフレーズを考える場合,「子どもの幸せ」を「誰が」決定するのかという点が問題となる。「幸せ」の内容は,主観的なものであり,それを判断する者によって結論は異なってくる。それゆえに,個人の尊厳に最大の価値を見いだす国家においては,他者に危害が及ばないかぎり,その判断を各自に委ねるのが原則となっている(自己決定権)。日本国憲法もこの点を明確に意識し,「すべて国民は,個人として尊重される」,「生命,自由及び幸福追求に対する国民の権利については,公共の福祉に反しない限り,立法その他の国政の上で,最大の尊重を必要とする」と規定している (13条)。

　しかし,子どもは,未成熟な存在であり,自律的決定力が完全に備わっているとはいえない。この点から,長きにわたって自己決定権の制約が当然のこととされてきた。すでに触れたように,教育を巡る意思決定に際しても,子どもの意思を置き去りにし,「保護者(親)」と「国家(国親)」のどちらの意思を優先させるべきかという議論に終始してきたといっても過言ではない。近年,この状況に変化が起こり,「権利主体としての子ども」という発想が広がりを見せている。たとえば,子どもの権利条約は,これまで専ら保護の対象として位置づけられてきた子どもに対して,明確にその「権利の主体」的性格を認めた。そして,自己にかかわる事柄について意見を表明する権利を承認し,子どもの発達段階に応じてその意見を尊重すべきことを締約国に義務づけたのである(意見表明権)。

　子どもの将来を大きく左右する学校教育のあり方は,当然,意見表明の対象となる。まず第1に,教育を受ける権利全般に関し,子どもは適切な教育の実施を要求する権利を有している。最高裁判所もこの権利を承認し,旭川学テ判決において,「みずから学習することのできない子どもは,その学習要求を充足するための教育を自己に施すことを大人一般に対して要求する権利を有するとの観念が存在している」と指摘している(学習権)。

　第2に,学校生活の具体的場面における「意見表明」と,その尊重がより明

確に意識される必要がある。日本の学校教育は、「管理教育」という言葉に象徴されるように、子どもの行動をコントロールすることをもって良しとする風潮が存在していた。その道具として機能してきたのが「校則」であり、「体罰」「内申書」と並び児童・生徒を縛る元凶とされた。とくに1980年代までは、学校生活はもとより、本来であれば保護者の判断に委ねられるべきはずの家庭生活まで規制することが当然とさえ考えられていた。髪型や運転免許の取得規制に関して一連の訴訟が提起されてきたが、ほとんどすべての事件において学校側を支持する判決が下されている（たとえば、「髪型」に関して最一小判平 8.7.18,『判例タイムズ』770 号 157 頁、熊本地判昭 60.11.13,『判例時報』1174 号 48 頁、「バイク免許」の取得規制に関して最三小判平 3.9.3,『判例時報』1401 号 56 頁などがある）。

だが、権利主体としての子どもという視点からは、「ルールが存在するのだから守れ」とするのみではなく、校則の決定プロセスに子ども自身が主体的に参加する制度を整えることが重要となる。学校側は、校則を一方的に押しつけるのではなく、アドバイザー的立場から子どもとの「対話」を通じて協力しながら校則を作成していくことが期待されているといえる。また、決定段階においては、投票等によってすべての子どもが賛成か反対かの意思表示をする機会を保障していく必要がある。単なる多数決原理ではなく、十分な討議に基づく自律的な意思決定過程こそが、民主主義社会の健全性を示すバロメーターであることは論をまたない。この点こそが、学校教育の場において、次代を担う主権者としての子どもが育むべき重要な資質であるといえよう。

2 義務教育と就学保障

義務教育法制と不登校問題

　日本の義務教育法制には、教育法体系上、微妙なズレが存在している。日本国憲法は、「保護する子女に普通教育を受けさせる」（26条2項）義務を規定し、学校への「就学」ではなく、「普通教育」を受けさせることを保護者に義務づけた。その下位に位置する教育基本法（平成18年法律120号）では、「保護する

子に，別に法律で定めるところにより，普通教育を受けさせる義務」（5条1項）と規定し，日本国憲法上の「普通教育を受けさせる義務」の内容を，国会が制定する法律によって決定すべきことを明らかにしている。

　学校教育の基本構造を規定する学校教育法（昭和22年法律26号）のレベルにおいて，学校への「就学義務」がはじめて明示的に登場してくる。小学校については，保護者（子に対して親権を行う者，親権を行う者のないときは，未成年後見人をいう。以下同じ。）は，「子の満6歳に達した日の翌日以後における最初の学年の初めから，満12歳に達した日の属する学年の終わりまで，これを小学校又は特別支援学校の小学部に就学させる義務を負う」ものとされている（16条，17条1項）。また，中学校については，「保護者は，子が小学校又は特別支援学校の小学部の課程を修了した日の翌日以後における最初の学年の初めから，満15歳に達した日の属する学年の終わりまで，これを中学校，中等教育学校の前期課程又は特別支援学校の中学部に就学させる義務を負う」（17条2項）ことになる。憲法・教育基本法による「普通教育を受けさせる義務」が，学校教育法によって，通常，「小学校6年間」，「中学校3年間」，あわせて9年間の「就学義務」へと転化していることがわかる。

　義務教育法制が確立して以来，「学校は通うべきもの」という規範意識が日本社会に浸透してきた。この状況は，戦後より強化されたといえる。だが，この規範意識を支えてきた「就学義務」は，日本国憲法上の義務でもなく，教育基本法上の義務ですらないことにあらためて注目する必要があろう。

　では，不登校児童・生徒の増加，規範意識の変化に教育法制はどう対応しているのであろうか。教育改革の流れのなかで，不登校児童・生徒への支援を目的とするNPOや民間施設との連携をより強化する動きが広がっている。旧文部省は，1992（平成4）年，文部省初等中等教育局長通知「登校拒否問題への対応について」（文初中330号平成4年9月24日）のなかで，「登校拒否はどの児童生徒にも起こりうるものであるという視点に立ってこの問題をとらえていく必要がある」としたうえで，「開かれた学校という観点に立って，家庭や地域社会との協力関係を築いていくこと」の重要性を強調している。

通知は，不登校児童・生徒の指導にあたって，公的機関が対応することが適切であるとしつつも，「公的な指導の機会が得られないあるいは公的機関に通うことも困難な場合で本人や保護者の希望もあり適切と判断される場合は，民間の相談・指導施設も考慮」することを認めた。そして，民間「施設への通所又は入所が学校への復帰を前提とし，かつ，登校拒否児童生徒の自立を助けるうえで有効・適切であると判断される場合に，校長は指導要録上出席扱いとすることができる」としたのである。この措置は，事実上，就学義務の緩和を認めるものであり，規範意識の変化を追認するものとみることも不可能ではない。

だが，ある社会が存続，発展していくためには啓蒙された構成員の存在が不可欠である。その意味において教育，特に義務教育は，権利という側面を越えて，公共財としての性格を併せ持っている。この教育の公共性という視点からは，「子どもの教育に関する限り，私人の自由な活動は完全な信頼には値せず，国民の意思を背景とする公権力が一定の役割を果たすことが期待されている」と考えられ（長谷部恭男『憲法［第5版］』新世社，2011年）。日本社会が掲げる「価値」に立脚した義務教育の必要性という側面を強調すると，就学義務の緩和という流れは，ある種の危うさを内包していると言えるであろう。

就学援助

日本国憲法は，「義務教育は，これを無償とする」と規定している（26条2項後段）。無償の範囲については，学説上，授業料無償説と教科書や給食費，文具代等もその対象になるとする就学費無償説の対立がある。実務上は，歴史的経緯等に基づき，授業料無償説による運用が行われている。ただ，教科書費用に関しては，「義務教育諸学校の教科用図書の無償措置に関する法律」（昭和38年法律182号）によって，国公私立を問わず，現在，すべて無償給付となっている。したがって残された課題は，学校給食等，学校教育に伴って必要となるその他の費用について，どの範囲で援助を行っていくかという点である。

教育基本法は，教育における差別を禁止するとともに，「国及び地方公共団体は，能力があるにもかかわらず，経済的理由によって修学が困難な者に対し

て，奨学の措置を講じなければならない」と規定している（4条3項）。小学校・中学校段階にある児童・生徒の就学については，義務教育の円滑な実施という観点から特に慎重な配慮が必要となる。この点，学校教育法は，「経済的理由によつて，就学困難と認められる学齢児童又は学齢生徒の保護者に対しては，市町村は，必要な援助を与えなければならない」と規定し，市町村に対して就学援助を行うことを法的に義務づけている（19条）。その実効性を確保するために，「就学困難な児童及び生徒に係る就学奨励についての国の援助に関する法律」（「就学奨励法」昭和31年法律40号）が制定されており，必要経費の一部を国が補助するシステムが構築されている。また，生活保護法（昭和25年法律144号）や学校保健安全法（昭和33年法律56号）のなかにも就学援助にかかわる規定が存在している。

　就学援助の対象者は，生活保護法上の要保護者およびこれに準ずると市町村教育委員会が判断した者である。要保護者とは，困窮によって最低限度の生活を営むことが困難な者を意味し，「現に保護を受けているといないとにかかわらず，保護を必要とする状態にある者」すべてが含まれる（生活保護法6条2項）。また，これに準じる者とは，生活保護の廃止又は停止を受けた者，市民税等の非課税者等が該当すると考えられている。

　まず生活保護法によって，①義務教育に伴って必要な教科書その他の学用品，②義務教育に伴って必要な通学用品，③学校給食その他義務教育に伴って必要なものが扶助の対象となる（13条）。就学奨励法では，学用品若しくはその購入費，児童若しくは生徒の通学に要する交通費又は児童若しくは生徒の修学旅行費が援助の対象となる（2条）。一方，学校保健安全法は，「感染性又は学習に支障を生ずるおそれのある疾病で政令で定めるものにかかり，学校において治療の指示を受けたとき」，「その疾病の治療のための医療に要する費用について必要な援助を行う」ことを予定している（24条）。トラコーマ及び結膜炎，中耳炎等のいわゆる「学校病」が対象となる。

　就学援助は，その制度の性質上，保護者の申請の有無にかかわらず行うことを原則とする（委初7の2昭和41年8月16日）。しかし，近年，福祉行政の分野

においては,「自己決定」という視点を重視し,要保護者の「選択の自由」を強調する傾向にある。就学援助の手続に関しても同様の配慮を一定程度行うことが必要とも考えられるが,「子どもの最善の利益」を確保するという視点からは,保護者の意思に完全に委ねてしまうことには疑義も存在する。利用可能な就学援助の内容等を十分説明したうえで,教育的配慮を加えつつケース・バイ・ケースで対応していくことが不可欠となる。ここにも学校と家庭の対立可能性が潜んでいることに注意する必要があろう。

　なお,2010(平成22)年3月,公立高等学校に係る授業料の不徴収及び高等学校等就学支援金の支給に関する法律(高校無償化法)が成立した。その後,2013(平成25)年に制度改正が行われ,「高等学校等就学支援金の支給に関する法律」へとその名称が変更される。この改正により,2014(平成26)年4月以降の入学者については,国公私立の区別を問わず,高等学校などに通う一定の収入額未満(市町村民税所得割額が30万4200円(モデル世帯(両親のうちどちらか一方が働き,高校生一人(16歳以上),中学生一人の子どもがいる世帯)で年収910万円未満)の世帯の生徒に対して,授業料に充てるため,国から高等学校等就学支援金が支給されることとなった。就学支援金は簡便かつ確実に授業料負担を軽減できるように,学校設置者が生徒本人に代わって受け取り,授業料またはその一部と相殺する仕組みになっている。

　周知のように,公立高校と私立高校に通う生徒の間には,これまで教育費負担に大きな格差が存在してきた。また,低所得者世帯を中心とする経済的理由に基づく高等学校などからの退学問題は,学校現場に暗い影を落としてきた。教育を受ける権利の実質化として,その解消に向けた取り組みが,漸く進み始めたといっても過言ではない。

3　特別なニーズをもつ子どもの教育

第二次世界大戦前の障害児教育

　日本の近代教育法制において障害児教育がはじめて明確な位置づけを得たの

は，1890（明治23）年の「小学校令」（明治23年勅令215号）においてであった。小学校の設置（第4章）のなかに，「盲唖学校」の設置および廃止に関する規定が設けられた（40条，41条）。この規定の下で，「盲」と「聾唖」という2つの障害を対象とした本格的な障害児教育施設の整備がすすめられることになった。

　次いで大正デモクラシー下，新教育思想，民主主義思想の普及を受けて，盲学校及聾唖学校令（大正12年勅令375号）が制定され，その下に公立私立盲学校及聾唖学校規程（大正12年文部省令34号）がおかれることになった。だが，盲・聾以外の障害児教育に関しては，法的には未整備の状態が継続していくことになる。この状態に変化をもたらしたのが，1941（昭和16）年，「国民学校令（昭和16年勅令148号）」の制定である。国民学校令は，「国民学校ハ皇国ノ道ニ則リ」「国民ノ基礎的錬成ヲ為ス」（1条）という目的からも理解可能なように，天皇制を頂点とする「国体護持」を目標とした戦時教育体制としての性格を強く有するものであった。しかし，障害を有する児童に対する特別教育環境の充実に関しては，盲・聾唖教育の義務化を想定する等，先進的な内容を含むものでもあった点を見落としてはならない。

戦後教育改革と障害児教育

　日本を占領下に置いた連合国軍総司令部（GHQ）は，障害児教育の改善に一定の努力を傾けている。とくに，第1次アメリカ教育使節団は，「盲人や聾唖者，その他身体的に大きなハンディキャップをもつ子供には，正規の学校では彼らの要求に十分に応じることができないので，特別のクラスあるいは特別の学校が用意されなければならない」とした。また，日本国憲法は，すべて国民は，「教育を受ける権利を有する」と規定し，皇国「臣民の義務としての教育」という観念を転換し，主権者である「国民の権利としての教育」という点を重視する姿勢を明確にした（26条1項）。同時にその権利は，「ひとしく教育を受ける権利」であるとされ，教育における機会均等，平等が当然の前提とされる時代を迎えたのである。

　旧学校教育法は，「盲学校，聾学校又は養護学校」を，「盲者」，「聾者」また

は「精神薄弱，身体不自由その他心身に故障のある者」に対して，教育を行う機関（特殊教育諸学校）として位置づけていた。そして，同法を前提とする新学制において，「盲学校，聾学校又は養護学校」は，都道府県が設置義務を負うとされたのである。しかし，障害児教育の義務化については，「正規の義務教育令によって取り扱われるべきである」としたアメリカ教育使節団の指摘の存在にもかかわらず，なかなか現実のものとはならなかった。この点について，旧文部省は，「教育思潮が根底から激動し」，新しい義務教育制度が全国一斉に実施されるなか，「何といっても少数例外者でしかない障害児たちへの教育的配慮が，にわかに実施できる余裕があろうはずもなかった」と分析している。

　最終的に，障害児の就学義務は，戦前の教育環境がそのまま受け継がれることになった。障害児教育の分野において，すでに地歩を築いていた「盲者」および「聾者」の分野が先行して義務化されることになり，1948（昭和23）年度に学齢に達した者から年次進行で就学義務化がすすめられていったのである。その一方で，戦前から立ち後れていた「精神薄弱，身体不自由その他心身に故障のある者」の義務化が先送りされることになった点は問題だったといえる。障害児の教育政策史を論じる場合，メインストリームから外れたマイノリティ集団としての障害児という位置づけが一般的に行われる。しかし，「盲」「聾」「養護」という障害の種別にみた場合，「盲」「聾」という「障害児教育におけるメインストリーム」から取り残された，さらなるマイノリティとしての「精神薄弱，身体不自由その他心身に故障のある者」という構造が浮かび上がってくる。

就学率向上への取組み

　「盲者」「聾者」は，就学が義務化されたにもかかわらず，当初，その就学率は顕著な改善を見ず，停滞状態が続いていた。法制度の分野において特筆すべき点は，1954（昭和29）年，「盲学校，聾学校及び養護学校への就学奨励に関する法律」（特殊教育就学奨励法）が成立したことである（昭和29年法律144号）。同法は，「教育の機会均等の趣旨」および「盲学校，聾学校及び養護学校への就学の特殊事情」を前提とし，国と地方公共団体に対して，これら特殊教育諸学

校（現特別支援学校）に「就学する児童又は生徒について行う必要な援助を規定し，もつてこれらの学校における教育の普及奨励を図ること」を目的とした法律であった（旧1条）。この法律は，「特別支援学校への就学奨励に関する法律」と名称が変更されているが，現在も有効であり，「教科用図書の購入費」「学校給食費」「通学又は帰省に要する交通費及び付添人の付添に要する交通費」「学校附設の寄宿舎居住に伴う経費」「修学旅行費」「学用品の購入費」等について，保護者の「負担能力の程度に応じ」，公立，私立を問わず，「経済的負担を軽減」するための措置が義務づけられている（2条1項）。

1956（昭和31）年には，二重の意味で教育のメインストリームから取り残されていた「精神薄弱，身体不自由その他心身に故障のある者」のために「公立養護学校整備特別措置法」が制定された（昭和31年法律152号，平成18年廃止）。「養護学校における義務教育のすみやかな実施」を目標に掲げ，「公立の養護学校の設置を促進し，かつ，当該学校における教育の充実を図るため，当該学校の建物の建築，教職員の給料その他の給与等に要する経費についての国及び都道府県の費用負担その他必要な事項に関し特別の措置を定めること」を目的としていた（旧1条）。同法によれば，国は，公立の養護学校の小学部および中学部のための校舎，屋内運動場，寄宿舎の新築および増築について，必要となる経費の2分の1を負担するものとされている（旧2条）。さらに，都道府県には，「市町村立の養護学校の教職員の給料その他の給与及び報酬等」を負担することが義務づけられることになった（旧4条）。

また，翌年には，「盲学校，聾学校及び養護学校の幼稚部及び高等部における学校給食に関する法律」（現「特別支援学校の幼稚部及び高等部における学校給食に関する法律」）が制定されている（昭和32年法律118号）。学校給食法（昭和29年法律160号）は，「義務教育諸学校の設置者は，当該義務教育諸学校において学校給食が実施されるように努めなければならない」（4条）と規定し，学校給食の対象が，「義務教育諸学校」であることを前提としている（3条2項）。しかし，国は，「盲学校，聾学校及び養護学校における教育の特殊性にかんがみ」，「盲学校，聾学校及び養護学校の設置者は，当該学校において学校給食が実施され

るように努めなければならない」と規定し，努力義務としてではあるが，「盲学校，聾学校又は養護学校の幼稚部又は高等部」にまでその対象を拡大することにしたのである（旧1～3条）。

　旧文部省によれば，戦後特殊教育は，いち早く義務化された盲・聾児童の就学率の低さと肢体不自由児，病弱・虚弱児などを対象とする養護学校の義務化の遅れという2点の問題を抱えていたとされる。この間，先送りされていた養護学校の義務化に向けて，関係者の地道な努力が重ねられていた。その流れを決定的なものとしたのが，1971（昭和46）年の中央教育審議会による「今後における学校教育の総合的な拡充整備のための基本的施策について」（いわゆる「46答申」）であった。答申のなかに，「これまで延期されていた養護学校における義務教育を実施に移す」という一文が挿入されたのである。答申を受けた旧文部省は，養護学校義務化に向けた条件整備を推進し，1973（昭和48）年には，1979（昭和54）年度からの義務化を予告する「学校教育法中養護学校における就学義務及び養護学校の設置義務に関する部分の施行期日を定める政令」が制定されることになった（昭和48年政令339号）。そして，国際障害者年を2年後にひかえた1979（昭和54）年4月，養護学校の義務化が実現したのである。これは，「教育における機会均等」を定めた日本国憲法の制定から33年を経て，漸くすべての子どもを対象とする義務教育体制が確立することを意味していた。

　就学猶予・免除者数は，養護学校の義務化により激減する。「学校教育法中養護学校における就学義務及び養護学校の設置義務に関する部分の施行期日を定める政令」が制定された1973（昭和48）年当時，就学猶予・免除者数はおおむね2万人前後で推移していた。それが，2014（平成26）年5月1日現在，就学免除者2431名，就学猶予者1203名にまで減少している（平成26年度学校基本調査（速報値））。養護学校の義務化が，1980（昭和55）年以降の障害児教育に大きな変化をもたらしたことがわかる。

障害児教育から特別支援教育へ

　ノーマライゼーション，メインストリームといった世界的潮流，発達障害者

支援法（平成16年法律167号）の制定に象徴される学習障害（LD），注意欠陥・多動性障害（ADHD）など，障害に対する社会的認知の深まりを受けて，日本の障害児教育は，2007（平成19）年，大きな転機を迎えた。盲学校，聾学校，養護学校という障害の種別に基づく従来の枠組みを変更し，特別支援学校へと再編されたのである。

その契機となったのは，文部科学省が設置した「特別支援教育の在り方に関する調査研究協力者会議」が，2003（平成15）年3月にまとめた，「今後の特別支援教育の在り方について（最終報告）」であった。最終報告は，①特殊教育諸学校若しくは特殊学級に在籍又は通級による指導を受ける児童・生徒の比率は増加傾向を示している，②重度・重複障害のある児童・生徒が増加している，③LD，ADHDなど通常学級等において指導を受けている児童・生徒への対応が課題になっているという認識を示した。そのうえで，「障害の程度等に応じ特別の場で指導を行う」特殊教育から，一人ひとりの障害児の教育的ニーズを考慮する「特別支援教育」への転換を打ち出したのである。

特別支援教育とは，「これまでの特殊教育の対象の障害だけでなく，その対象でなかったLD，ADHD，高機能自閉症も含めて障害のある児童生徒に対してその一人一人の教育的ニーズを把握し，当該児童生徒の持てる力を高め，生活や学習上の困難を改善又は克服するために，適切な教育を通じて必要な支援を行う」ことを意味する。そして，「障害のある児童生徒の自立や社会参加に向けた主体的な取組を支援するためのもの」として位置づけられる。

最終報告によれば，特別支援教育を支えるためには，①質の高い教育的対応を支える人材，②関係機関の有機的な連携と協力，③個別の教育支援計画，④特別支援教育コーディネーター，⑤地域の総合的な教育的支援体制の構築と当該地域の核となる専門機関が必要だとされる。

ノーマライゼーション思想の普及，子どもの権利条約の批准などは，障害児教育のあり方を問い直すきっかけとなった。特別支援教育への転換は，その一つの方向性を示したものといえる。しかし，特別支援教育の成否は，学校教育の場のみで完結することはない。学校を巣立った障害者が真の社会参加を実現

してこそ，はじめて意味のあるものになる。この点，生活の基盤となる地域社会，その糧を得るための職場環境など，いまだに残された課題は多い。

雇用環境を例にとると，2013（平成25）年6月1日現在，障害者の法定雇用率2.0％が課されている民間企業に雇用されている障害者の数は，40万8947.5人，実雇用率は1.76％に止まっている。これに対して，2.2％とより厳しい法定雇用率が適用される都道府県等の教育委員会に在職している障害者数は，1万3581人，実雇用率は2.01％であり，民間企業と同様，法定雇用率には達していない。ノーマライゼーション，メインストリームを当然の前提とし，一人ひとりのニーズに応えようとする特別支援教育を絵に描いた餅で終わらせないためにも，まず教育委員会自体がその態度を改めるべきといえるであろう。

なお，2014（平成26）年1月，日本政府は，障害者の権利に関する条約（障害者の権利条約）の批准書を国際連合事務総長に寄託した。「全ての障害者によるあらゆる人権及び基本的自由の完全かつ平等な享有を促進し，保護し，及び確保すること並びに障害者の固有の尊厳の尊重を促進すること」を目的とした条約である（1条）。条約は，教育に関する障害者の権利に言及し，「この権利を差別なしに，かつ，機会の均等を基礎として実現するため，障害者を包容するあらゆる段階の教育制度及び生涯学習を確保する」ことを，締約国に義務づけている（24条1項）。その実現に向けて，共生，協働という視点を社会全体に創出するための施策を，地域社会のみならず，障害者福祉にかかわるNPOなどとの連携をより積極的に模索していく必要があるといえる。　【坂田　仰】

参考文献

ブルデュー・パスロン（宮島喬訳）『再生産』藤原書店，1991年
長谷部恭男他編『憲法判例百選（第6版）』Ⅰ・Ⅱ，有斐閣，2013年
内野正幸『教育の権利と自由』有斐閣，1994年
浦野東洋一・堀尾輝久他編『組織としての学校』講座学校第7巻，柏書房，1996年
戸波江二・西原博史『子ども中心の教育法理論に向けて』エイデル研究所，2006年
堀尾輝久『人権としての教育』岩波書店，1991年
嶺井正也編『共生時代の教育を展望する』八千代出版，2003年
坂田仰編『学校と法』放送大学教育振興会，2012年

第4章　学校の管理と経営

はじめに

　現在進行中の学校運営改革は，次の2つの方向性で進んでいると整理できよう。第一の方向性としては，校長の権限強化と学校運営の効率化である。そのための改革事項として，職員会議の補助機関化や，副校長・主幹教諭・指導教諭の導入による学校運営組織の階層化などがあげられる。第二の方向性としてはアカウンタビリティと教育の質保証であり，学校評議員やコミュニティ・スクールの制度化，学校評価の導入などがこれにあたる。こういった改革事項は，従来の学校運営の組織原理やあり様を大きく転換させる可能性がある。

1　学校運営にかかわる諸要素

　1990年代以降の地方分権改革の流れのなかで進められている現行学校運営改革は学校レベルへの権限委譲をめざしているとされるが，それはアメリカで1980年代から議論されている「学校に基礎を置いた運営 (School/Site-Based Management : SBM)」になぞらえられることがある。しかしSBMが学校への権限委譲に加えて，委譲された権限の共有化 (Shared Decision-Making : SDM, 共同的意思決定) をも志向するのに対して，日本では委譲された権限は，少なくとも学校組織内では校長に集中する傾向にある。職員会議の補助機関化は学校意思決定過程における教員の発言力を弱めるものであるし，2006年に改正された新教育基本法第6条2項では，「体系的な教育が組織的に行わなければならない」という規定が新たに設けられた。この規定を受けてなされた翌2007年の学校教育法改正により，「副校長」「主幹教諭」「指導教諭」をおくことができ

るようになった。つまり，従来水平的だった教員関係を「学校運営の効率化」の名の下に垂直的にすることが可能となった。以下では，こうした改革の流れのなかで，学校運営にかかわる諸要素がどのように変容してきているのかを見ていくこととする。なお，事務職員等教員以外の職員も学校運営にかかわるが，紙幅の関係上ここではふれないものとする。

校長，教頭

校長に関しては学校教育法 37 条 4 項において，「校長は校務をつかさどり，所属職員を監督する」と規定されており，これを根拠として校長が学校運営の責任者とされているが，他方で職員会議との関係のなかで現実は必ずしもそのようにはなっていないという指摘もあり，現在は後述のように校長がリーダーシップを発揮できるような条件整備が進められている。また，2000 年施行の学校教育法施行規則改正により校長の資格要件が緩和され，教員免許を持たないいわゆる「民間人校長」が登場することとなった（22 条）。つまり「教員集団のトップ」というよりも，「学校の経営者」としての側面が強調されるようになってきた。他方で 2014 年度に入って，大阪市では大量採用された民間人校長による金銭の不適切な処理などの不祥事が相次いでいる。学校という教育機関の責任者としての校長の資質とは何かが，問われているといえよう。

教頭に関しては，学校教育法 37 条 7 項に「教頭は，校長（副校長を置く小学校にあっては，校長及び副校長）を助け，校務を整理し，及び必要に応じ児童の教育をつかさどる」と規定されており，主に学校運営における校長の補佐役が期待されている。他方，副校長等の新たな職制を設けたことによって，教頭の果たす役割は再定義の必要性に迫られている。

職員会議

戦後行われた民主的教育改革のなかで，学校運営においても民主的な取り組みがなされ始め，現場で子ども一人ひとりの教育を担っている教師の教育の自由や教育自治権に基づいて，法令上の根拠はないものの職員会議が広く設置さ

れるようになった。しかし，学校運営における校長の権限との関係のなかで，職員会議の権能については長らく議論がなされてきた。そこでは大別すると，議決機関説，諮問機関説，補助機関説のそれぞれが主張されてきた。議決機関説とは，職員会議が各校の教育自治に不可欠の主要機関であることから，これを学校運営上の議決機関と考える説である。この説に対しては，学校教育法上の校長の校務掌理権の侵害であるとの批判がなされてきた。諮問機関説は，職員会議は学校意思決定権者である校長の諮問機関であるとする説である。そこでは職員会議の機能は校長の諮問に応じて答申を行うにとどまることとなる。補助機関説とは，職員会議は校長の判断が的確に遂行されるように補助する機能を有するに過ぎず，校長に対抗し独立して職務を行う権限は付与されない，とする。諮問機関説及び補助機関説は議決機関説の立場から批判がなされてきたが，これら諸説が混在するなかで，長らく学校運営上の意思決定権限の所在の問題が議論されてきた（下村哲夫『定本教育法規の解釈と運用』ぎょうせい，1995年）。

　そして2000年施行の学校教育法施行規則改正において，職員会議は初めて法令上の地位を占めることになったが，それは学校意思決定過程において影響力を有する教職員組織としての位置づけから，校長の「補助機関」としての地位に後退する形で規定されることとなった（48条）。さらに自治体レベルでは，たとえば東京都教育委員会は2006年に「学校経営の適正化について」という通知を都立学校に向けて出し，職員会議を中心とした学校経営からの脱却を掲げて校長の意思決定に影響を与えないよう，職員会議において挙手や採決で教職員の意向を測ることを禁止した（土肥信雄他『学校から言論の自由がなくなる』岩波書店，2009年）。あるいは，大阪市や大阪府では公立学校の校内人事が内規に基づいて教員間の選挙で決められている実態が一部であり，文科省はこれを校内人事を校長の権限としている学校教育法違反の疑いがあるとして全国的に実態調査をする方針に決めたこと，大阪府教育委員会は「最終的に校長が人事を決定していれば問題ない」としていたが方針を転換し選挙の禁止を通知したこと，大阪市も内規廃止の方針を示したこと，などが報道された（『毎日新聞』

2014年6月27日付朝刊）。大阪の事例に関して小野田は，実態は損な役回りである学校運営上の調整役の選出に際して職員の選挙という手続きを踏んでいただけで，最終的に校長が決裁すれば何も問題はないと指摘している（小野田正利「普通の教師が生きる学校」『内外教育』2014年5月30日，4-5頁）。子どもに最も近いところで教育活動を行っている教師の意見を排除して適正な学校運営が行えるとも思えないが，いずれにせよ実態としては，職員会議は補助機関化後その弱体化が着々と進められているといえよう。

主　任

　主任制は，1975年の学校教育法施行規則の一部改正により法制化された職制である。2007年の学校教育法改正の後，同年に学校教育法施行規則が改正されたが，同規則ではその第43条に規定されている「調和のとれた学校運営が行われるためにふさわしい校務分掌の仕組みを整える」という要請に応える形で，第44条以下で，小学校には教務主任，学年主任，保健主事をおくこととされており，またその他必要な主任をおくこともできると規定されている。これら主任に中学校（70条, 71条）では生徒指導主事，進路指導主事が，高校（81条）ではさらに学科ごとに学科主任がおかれることになっている。

　主任の役割は校長の監督を受けその職務に関連する事項についての連絡調整・指導助言等を行うこととされており，円滑な学校運営を可能とする機能が期待されている。しかし，主任がいわゆる「中間管理職」化してしまい，校長の下請け機関としての機能しか果たしていない，あるいは逆に教職員に対する指揮監督権限がないため管理職の意図を教職員に徹底できないなど，その意義に対する批判も少なくない。他方，「自主的・自律的」で「効率的」な学校運営の必要性が叫ばれる現行改革のなかでは，学校内での「コーディネーター」的役割を主任職に期待する声も大きい。しかし，主幹教諭・指導教諭等新たに設けられた職制との関連において，主任の果たす役割もまた教頭同様，再定義の必要性に迫られている。

企画・運営委員会

現在多くの学校において，校長・教頭・教務主任その他の主任から構成される「企画委員会」あるいは「運営委員会」が設置されている。これは1998年中教審答申「今後の地方教育行政の在り方について」においても提言されているが，職員会議が全校の教職員を集めて開かれ，その意味で民主的ではあるものの機動性・効率性に限界が指摘されていた。そのため，管理職と職員会議の中間にこれら組織を位置づけ，より少数の構成員で学校の基本方針や職員会議での議題などを決定する組織として機能している。学校の意思決定の迅速性と民主性を両立するという観点からはその意義が認められるが，主任職と同様，校長の下請け機関になってしまっているという批判もある。

副校長，主幹教諭，指導教諭

上述のように，2007年の学校教育法改正により各学校に「副校長」「主幹教諭」「指導教諭」をおくことができるようになった（37条2項）。副校長の職務は「校長を助け，命を受けて校務をつかさどる」（5項）とされている。同法改正後に出された文部科学事務次官通知「学校教育法等の一部を改正する法律について」では，副校長と教頭を併せておく学校においては，教頭は校長および副校長を補佐する立場にあるとしていることから，副校長は教頭より管理職的性格が強いことになる。しかし，副校長をおくことの意義は，教頭との関係のなかでわかりづらいものとなっている。つまり，教頭は原則としておかなければならない職である（1項）のに対し，副校長はおくことができる職であり，しかも副校長をおくときは教頭をおかないことができる（3項）とされていることから，副校長と教頭の所掌権限はどこが違うのか，あるいはなぜ副校長と教頭の双方が必要なのか，教頭を副校長と名称変更すれば十分ではなかったのかなどの疑問が提示される（市川昭午「学校教育法の改正」『教職研修』2007年7月号，78-81頁）。

主幹教諭とは，そもそもは2003年度より東京都において採用されている職制であり，2007年の学校教育法改正は，これを全国規模で制度化したもので

ある。学校教育法ではその職務を，「校長及び教頭を助け，命を受けて校務の一部を整理し，並びに児童の教育をつかさどる」（37条9項）旨規定している。主幹教諭をおく理由としては，管理職の補佐，教諭等の指導・監督，学年間・校務分掌間の調整，教諭等の人材育成などがあげられるが，教頭や主任，他の教諭に対する関係，行使できる権限などははっきりしていないなどの疑問も出されている（市川，前掲）。とくに主任との関係においては，たとえば「教務主任の担当する校務を整理する主幹教諭を置くときその他特別の事情のあるときは教務主任を」置かないことができる（施行規則44条2項）（ほかの主任についても同様）旨規定されており，主任が主幹教諭に変わるだけではないか，という疑問も出てくる。

指導教諭についても同様に，その位置づけのわかりづらさが指摘されている。すなわち，その職務は「児童の教育をつかさどり，並びに教諭その他の職員に対して教育指導の改善及び充実のために必要な指導及び助言を行う」（37条10項）とされている。この規定からは，主幹教諭よりは管理職的性格が薄いということは読み取れる（市川，前掲）。しかし，たとえば「教務主任及び学年主任は，指導教諭又は教諭をもって，これに充てる」（施行規則44条3項）とされているが，指導教諭の主任と教諭の主任ではどこがどう違うのか，主任である教諭と主任ではない指導教諭がいる場合両者の関係はどうなるのかなど，はっきりしない点が多い。

文科省『平成24年度公立学校教職員の人事状況調査について』（文科省HP，http://www.mext.go.jp/component/a_menu/education/detail/__icsFiles/afieldfile/2013/12/18/1342551_08_1.pdf，2014年10月14日採取）では，2013年4月1日現在で副校長職を採用しているのは，47都道府県・20政令指定都市中42，主幹教諭に関しては55，指導教諭は22となっている。指導教諭以外は全国的に普及しているように見えるが，導入数が少数であったり，副校長が多い反面教頭が極端に少数であるなど，教頭が副校長に代わっただけのようなケースもあり，一概にはいえない。いずれにせよ，こうした学校運営組織の階層化は組織マネジメントの強化という点から導入されているが，他方でこのような改革はフ

ラットな構造のなかで自律的に築かれる教員間の協働関係を損なうものであるという批判も根強い(藤田英典編『誰のための「教育再生」か』岩波書店,2007年)。

2 開かれた学校づくり

「学校のアカウンタビリティを高める」という政策意図の下,2000年代に入って以降国レベルで「開かれた学校づくり」が進められている。まずは2000年4月に施行された学校教育法施行規則改正により,「学校評議員」が制度化された。しかし2004年に地方教育行政の組織及び運営に関する法律(以下,地教行法)が改正され,いわゆる「コミュニティ・スクール」制度が導入された後は,国家政策としては主としてコミュニティ・スクールを通した「開かれた学校づくり」がめざされている。他方で,学校評議員やコミュニティ・スクールが制度化される以前から,各自治体や各学校独自の判断で,いわゆる「学校協議会」を通した参加型学校運営が実践されている。

学校評議員制度

学校評議員制度化の契機は,1998年中教審答申「今後の地方教育行政の在り方について」であった。同答申においては,より一層地域に開かれた学校づくりを推進するためには学校が保護者や地域住民の意向を把握し反映することと,その協力を得て学校運営が行われるような仕組みが必要であり,そのために地域の実情に応じて学校評議員を設けることの必要性を指摘している。

この答申を受けて学校教育法施行規則が改正され,2000年4月から学校評議員が制度化されることとなった。同規則の規定(49条)と上述の中教審答申および同規則改正に伴って出された文部事務次官通知「学校教育法施行規則等の一部を改正する省令の施行について」の内容から判断すると,学校評議員制度のポイントとしては,次の諸点が指摘されるだろう。

・学校評議員は校長の推薦により,当該学校の設置者が委嘱する。
・学校評議員は必ず置かなくてはならないものではなく,あくまで設置者の

判断よる。すでに学校評議員に類似する仕組みを置いている学校は、これを廃止または改定する必要はない。

・学校評議員の人数や委嘱期間など具体的なことは学校の設置者が定める。
・学校評議員は校長の求めに応じて学校運営に関して一人ひとりが意見を述べるものであって、諸外国で採用されているような、意思決定を行ったり意思決定の公的ルートに乗っている合議体組織とは異なる。
・学校評議員制度は校長の学校運営に関する権限と責任を前提としたものであり、校長は評議員に意見を求めることはできるが、かならずしもそれに拘束されるものではない。
・学校評議員は学外の意見を聴取することを目的とするため、その学校の職員や児童・生徒は学校評議員にはなれない。

　他方、学校評議員制度にはいくつかの問題点も指摘されている。たとえば、校長の推薦に基づいて選任されるため、単なる校長の応援団となってしまうおそれがあること。逆にいわゆる「地域ボス」が学校を牛耳ることを許してしまう可能性が生じること。また校長は評議員の意見に拘束されないため、制度が形骸化する可能性があることなど、本当の意味で地域住民に「開かれた学校」を実現するための仕組みとはならないのではないかという懸念があげられる。また、学外の意見を聴取する意図はあっても、上述のとおり職員会議の補助機関化により教員は意思決定の公的ルートから外れることとなり、また子どもの参加も想定されていないため、学内でのニーズを把握するための仕組みが未整備であるという点も指摘されるだろう。そしてこのような批判的な見解が多く示されるなかで、学校評議員の制度目的をより積極的に達成しようとしてその後制度化されたのが、次に述べる「学校運営協議会」である。

地域運営学校（コミュニティ・スクール）と学校運営協議会

　地域運営学校および学校運営協議会の制度化は、2000年発足の「教育改革国民会議」における議論にまで遡る。同会議は同年12月にその答申ともいえる「教育改革国民会議—教育を変える17の提案」を出したが、そこでは地域が

運営に参画する「新しいタイプの学校（"コミュニティ・スクール"等）」の設置の促進が求められた。そして 2004 年 3 月に出された中教審答申「今後の学校の管理運営の在り方について」において，保護者や地域住民が一定の権限と責任をもって運営に参加する「新しいタイプの公立学校」を「地域運営学校」として制度的に導入していくことと，そこに「学校運営協議会」を設置することなどが提言された。この答申を受けて 2004 年 6 月に地教行法の一部改正がなされ，これらの設置が法的に認められることとなった。ただし，教育改革国民会議で提唱された「コミュニティ・スクール」が住民の発意により設置され，教育委員会の管理の枠外に位置する学校制度を構想していたのに対し，地域運営学校は最終的にはあくまで教育委員会の管理下におかれる（設置者管理主義）点などに鑑みて，まったく同一のものというわけではない（黒崎勲『新しいタイプの公立学校』同時代社，2004 年），ということは指摘しておく必要があるだろう。

　当該中教審答申や地教行法の規定（47 条の 5），および同法改正に伴って出された文部科学事務次官通知「地方教育行政の組織及び運営に関する法律の一部を改正する法律の施行について」から読み取れる学校運営協議会の諸特徴は，次のようにまとめられるだろう。

　・学校運営協議会は，教育委員会によって，その所管に属する学校のうちその指定する学校の運営に関して協議する機関として設置される。

　・委員は，児童・生徒の保護者，地域住民のほか，当該指定学校を設置する地方公共団体の教育委員会が適当と考える者のうちから，当該教育委員会が任命する。校長，教職員も教育委員会の判断によっては委員となることができる。

　・委員の数，構成，委員の任免，任期，学校運営協議会の議事に関する事項，その他学校運営協議会の運営に関し必要な事項については，教育委員会規則において定める。

　・指定学校の校長は，学校の運営において，教育課程編成その他教育委員会規則で定める事項については基本的な方針を作成し，学校運営協議会の承認を得なければならない。

　・学校運営協議会は，当該指定学校の職員の採用その他の任用に関して，当

該職員の任命権者（教育委員会）に意見を述べることができる。学校運営協議会の意見は任命権者の任命権の行使を拘束するものではないが，任命権者は学校運営協議会の意見を尊重し，合理的な理由がないかぎり，その内容を実現するよう努める必要がある（上述の通り地域運営学校あるいは「指定学校」は，当初構想されていた「コミュニティ・スクール」とは同一のものではないため，ここまでは異なる名称を使い分けてきたが，その後地域運営学校を「コミュニティ・スクール」と呼ぶ用語法がほぼ一般化してきたため，これ以降は両者をとくに分けず「コミュニティ・スクール」という名称を使用することとする）。

　こうした特徴が強調される反面，学校運営協議会制度にはさまざまな問題点も指摘されている。たとえば，コミュニティ・スクールの指定や委員の任命が教育委員会の専権事項とされており，住民の発意に基づく指定や互選による委員の選任などが想定されていないこと，地教行法においては校長や教職員の運営協議会への参加が想定されておらず，これも教育委員会の判断に委ねていること，子どもの参加が想定されていないこと，学校評議員制度との関係が不明確であること，などである。実際の運用レベルでこれら諸点をどのようにクリアしていくのかが，今後「開かれた学校づくり」をすすめていく際の，1つの重要な視点となるであろう。

　コミュニティ・スクールは，制度化以降，その普及が一貫して推進されてきた。近年の政策文書としては，2013年6月に閣議決定された第二期「教育振興基本計画」では，基本施策23「現場重視の学校運営・地方教育行政の改革」のなかで，「コミュニティ・スクールの更なる普及促進を図る」ことが述べられ，同年12月に出された中教審答申「今後の地方教育行政の在り方について」では，3章3節1項において「コミュニティ・スクールを全公立小中学校の1割（約3,000校）にすること」など，制度普及の重要性を強調している。こうしたなかで，コミュニティ・スクールの数は年々増加し，2006年8月1日時点で75校（文科省HP，http://www.mext.go.jp/b_menu/shingi/chousa/shotou/037/shiryo/07062704/003/001.pdf，2014年10月14日採取）だったが，2014年4月1日時点で1919校（幼稚園94，小学校1240，中学校565，高校10，特別支援学校10）と，

前年度より349校増加している（文科省HP, http://www.mext.go.jp/a_menu/shotou/community/shitei/detail/1348142.htm, 2014年10月14日採取）。

　保護者や地域住民の意見を学校運営に反映させること自体は好ましいことである。他方で職員会議の補助機関化後，「校長のリーダーシップを高める」というスローガンの下，教師の意見を学校運営に反映させるための仕組みが弱体化してきている。また，生徒会などを通して子どもの意見を体系的に集約し，学校運営に活かすという取り組みも，少なくとも国レベルの政策としては講じられていない。学校意思決定過程を保護者や地域住民等外部に開くことは重要であるが，それと同時に教職員や児童・生徒等学校内にいる「当事者」の意見も軽視されてはならない。両者のバランスを取った改革が求められるであろう。

いわゆる「学校協議会」

　学校独自の，あるいは教育委員会独自の判断で設置されてきた，いわゆる「学校協議会」としては，たとえば長野県辰野高校では，1997年に「三者協議会」を設置し，服装やアルバイト，授業改善などについて教員・保護者・生徒の三者で活発な議論を行っている（宮下与兵衛『学校を変える生徒たち』かもがわ出版，2004年）。また高知県では，橋本大二郎知事（当時）のリーダーシップの下，1997年より「開かれた学校づくり推進委員会」を各校に設置し，教師・保護者・子どもに地域住民も加わる形で「参加型学校運営」の取り組みがなされている（浦野東洋一『開かれた学校づくり』同時代社，2003年）。こうした動きはその後も徐々に全国的に広まっていき，2012年度からは青森県立三沢高校で「三者協議会（モス・サミット）」が始まり，管理職・教職員，保護者，生徒間で活発な議論を行っている。こうした取り組みをコミュニティ・スクールとの対比の視点から見ると，コミュニティ・スクールに設置される学校運営協議会は構成員としてまず保護者と地域住民を想定しており，運営機関としての機能に焦点を当てている。他方で，ここで述べる「学校協議会」の取り組みは「生徒参加」が中心となっており，それゆえに運営機能だけではなく「教育・学習機能」をも有しており，生徒はじめ学校協議会に参加するそれぞれの当事者がさまざまな

ことを学び成長する（エンパワーメント）機会をも提供しうる（平田淳『「学校協議会」の教育効果に関する研究』東信堂，2007年）。今後コミュニティ・スクールにそうした機能を加味するのかどうか，注視する必要がある。

3　学校評価

　2002年から施行された小・中学校設置基準によって，学校自己評価の実施が規定された。その後，2005年に出された中教審答申「新しい時代の義務教育を創造する」は，教育改革の方向性として「質の保証」を前面に出したものである。すなわち，総論として「いわば国の責任によるインプット（目標設定とその実現のための基盤整備）を土台にして，プロセス（実施過程）は市区町村や学校が担い，アウトカム（教育の結果）を国の責任で検証し，質を保証する構造への転換を目指すべき」としている。そして国の責任で結果を検証し質を保証する方策として，学習指導要領の見直しや学力調査の実施などと並んで学校評価の充実を提言している。すなわち，「学校や地方自治体の裁量を拡大し主体性を高めていく場合，それぞれの学校や地方自治体の取組の成果を評価していくことは，教育の質を保証する上でますます重要となる」という認識を示したうえで，各学校の取り組みにばらつきがあることや評価結果の公表が進んでいないことに鑑み大綱的な学校評価のガイドラインを策定すること，当時努力義務とされていた自己評価の実施とその結果の公表を義務化すること，自己評価の客観性を高め教育活動の改善が適切に行われるように外部評価を充実させること，第三者機関による全国的な外部評価の仕組みも検討すること，などを提言している。そして2006年3月に文科省は「義務教育諸学校における学校評価ガイドライン」を公表した。ここでは学校評価の方法としては，「各学校が自ら行う評価及び学校運営の改善（自己評価）」「評価委員会等の外部評価者が行う評価及び学校運営の改善（外部評価）」「評価結果の説明・公表，設置者への提出及び設置者等による支援や条件整備等の改善」の3点があげられていた。

　その後2007年中教審答申「教育基本法の改正を受けて緊急に必要とされる

教育制度の改正について」においても，学校評価の充実が提言された。そして同年の学校教育法改正において学校評価の実施（42条）と保護者・地域住民への情報提供（43条）が規定された。同年10月には学校教育法施行規則が改正され，自己評価の実施と評価結果の公表の義務化（66条），関係者評価の実施と評価結果の公表の努力義務化（67条），これら評価結果の設置者への報告の義務化（68条）が規定されるに至った。こうした法改正や，「学校評価の推進に関する調査研究協力者会議」での議論を踏まえて，文科省はそれまでのガイドラインの記述を全面的に見直し，新たに高校や特別支援学校をも対象に加えて，2008年に「学校評価ガイドライン〔改訂〕」を公表した。そこでは学校評価の方法として「自己評価」は維持する一方で，従来の「外部評価」を保護者や地域住民・学校評議員などによってなされる「学校関係者評価」と，外部の専門家などによってなされる「第三者評価」に区分した。さらに文科省は「学校の第三者評価のガイドラインの策定に関する調査研究協力者会議」における議論をもとに，学校の第三者評価のあり方に関する記述を充実させた「学校評価ガイドライン〔平成22年改訂〕」（以下，「ガイドライン」）を2010年に公表した（文科省HP，http://www.mext.go.jp/component/a_menu/education/detail/__icsFiles/afieldfile/2012/07/12/1323515_2.pdf，2014年10月16日採取）。これが現行のガイドラインになっている。

　「ガイドライン」によると，学校評価の目的は，「①各学校が，自らの教育活動その他の学校運営について，目指すべき目標を設定し，その達成状況や達成に向けた取組の適切さ等について評価することにより，学校として組織的・継続的な改善を図ること」「②各学校が，自己評価及び保護者など学校関係者等による評価の実施とその結果の公表・説明により，適切に説明責任を果たすとともに，保護者，地域住民等から理解と参画を得て，学校・家庭・地域の連携協力による学校づくりを進めること」「③各学校の設置者等が，学校評価の結果に応じて，学校に対する支援や条件整備等の改善措置を講じることにより，一定水準の教育の質を保証し，その向上を図ること」とされている。評価の方法としては，「各学校の教職員が行う『自己評価』」「保護者，地域住民等の学校

関係者などにより構成された評価委員会等が，自己評価の結果について評価することを基本として行う『学校関係者評価』」「学校とその設置者が実施者となり，学校運営に関する外部の専門家を中心とした評価者により，自己評価や学校関係者評価の実施状況も踏まえつつ，教育活動その他の学校運営の状況について専門的視点から行う『第三者評価』」があげられている。

　自己評価のプロセスとしては，まず具体的かつ明確な重点目標を設定したうえで，その達成に必要な具体的な取り組み等を自己評価の評価項目として設定し，かつ評価項目の達成・取組状況を把握するための指標を設定する。そして学校運営に関するさまざまな情報・資料を継続的に収集・整理し，全教職員の参加により組織的に自己評価を行い（その際外部アンケートなどの活用を推奨），その結果と今後の改善方策について報告書に取りまとめる。そのうえで，次年度の重点目標の設定や具体的な取り組みの改善を図ることになっている。「ガイドライン」には，参考資料として12の評価項目とそれを細分化した116の指標が列挙されているが，これらはあくまでも例示であり，重点目標や評価項目の設定に際してこれらを網羅して取り組むことは望ましくないこと，各学校が設定した重点目標に照らして適宜選択し，あるいは新たに評価項目を設定することが重要であるとされている。

　学校関係者評価は，保護者や地域住民などの学校関係者等が自己評価の結果を評価することを通じて，自己評価の客観性・透明性を高めるとともに，学校・家庭・地域が学校の現状と課題について共通理解を深めて相互の連携を促し，学校運営の改善への協力を促進することを目的として行われるものである。評価プロセスとしては，まず学校は保護者・地域住民・青少年健全育成関係団体など学校と直接関係のあるものを評価者とする「学校関係者評価委員会」を組織する。学校は評価委員会に対し，重点目標や自己評価の取組状況等を説明し，評価委員会は授業や学校行事の参観・施設設備の観察・校長など教職員や児童生徒と対話を行ったうえで，学校の自己評価の結果および今後の改善方策・重点目標や評価項目等のあり方などについて評価し，その結果をとりまとめる。学校は学校関係者評価の結果を踏まえ，自己評価の結果に基づく今後の改善方

策を見直し，評価の結果と今後の改善方策を併せて報告書に取りまとめる，保護者等に公表および設置者に提出する，こととされている。学校関係者評価は学校による自己評価を評価することを基本としているが，これは学校関係者評価全体としての専門性や時間的制約によるものとされている。ただし，外部アンケート等の実施で学校関係者評価に代えることは適当ではないとされている。また，学校関係者評価委員会を新たに組織することに代えて，学校評議員や学校運営協議会等の既存の組織を活用して評価を行うことも考えられるとされている。この点に関しては，埼玉県立学校に設置されている「学校評価懇話会」や，埼玉県立草加東高校がこの懇話会を基礎に教員，保護者，生徒，地域住民・学校評議員などから構成される「四者協議会（学校評価連絡協議会）」において行っている学校評価の取り組みは，注目に値する（小池由美子『学校評価と四者協議会』同時代社，2011年）。

　第三者評価は，保護者や地域住民による評価とは異なる，学習指導や学校のマネジメント等について専門性を有する者による専門的視点からの評価であり，各学校と直接の関係を有しない者による，当該学校の教職員や保護者等とは異なる立場からの評価であるとされている。法令上，実施義務やその努力義務が課されているものではない。評価者としては教育学等を専門とする大学教員，校長経験者や指導主事経験者，学校運営に関する知見を有する民間研究機関等の構成員，などが想定されている。評価結果は評価者がとりまとめ，評価対象校に報告書として提出すること，その際，設置者に対しても報告することが望ましいとされている。自己評価・学校関係者評価・第三者評価いずれにおいても，報告書の設置者への提出が求められるのは，その内容を踏まえた予算措置等の学校の支援・改善が重要とされているからである。

　こうした各種評価結果は，保護者や地域住民に積極的に情報提供することが求められている。その際，個人情報の保護に留意すること，学校の序列化や過度の競争といった弊害が生じないよう，設置者においては情報提供にあたり十分に配慮する必要があること，たとえば設置者が各学校の状況や特殊性を考慮せずに学力調査の結果等をもとに学校の単純な順位づけを行うようなことは望

ましくないことなどが指摘されている。

　2011年度間の国公私立学校における自己評価の実施・結果の設置者への報告の割合はともに96.7％であり，保護者等への公表については実施していない割合が5.9％であった。学校関係者評価は，実施率が83.9％，実施校中設置者へ報告しているのが98.4％，保護者等への公表をしていない割合が8.7％であった。他方で第三者評価は，実施率が5.1％ときわめて低かった。第三者評価を実施しなかった理由としては「必要性が乏しい」が39.4％，「第三者評価委員の確保が困難」が38.8％と，必要性・実現可能性を理由として第三者評価に否定的な回答を寄せたのは約80％である（文科省HP，http://www.mext.go.jp/a_menu/shotou/gakko-hyoka/__icsFiles/afieldfile/2012/12/27/1329301_04_1.pdf，2014年10月13日採取）。第三者評価のあり様については，その存続の是非も含めて，今後の検討課題となろう。　　　　　　　　　　　　　　　　　　【平田　淳】

参考文献
市川昭午「学校教育法の改正」『教職研修』2007年7月号，78-81頁
浦野東洋一『開かれた学校づくり』同時代社，2003年
小野田正利「普通の教師が生きる学校」『内外教育』2014年5月30日，4-5頁
黒崎勲『新しいタイプの公立学校──コミュニティ・スクール立案過程と選択による学校改革』同時代社，2004年
小池由美子『学校評価と四者協議会』同時代社，2011年
下村哲夫『定本教育法規の解釈と運用』ぎょうせい，1995年
土肥信雄他『学校から言論の自由がなくなる』岩波書店，2009年
平田淳『「学校協議会」の教育効果に関する研究──「開かれた学校づくり」のエスノグラフィー』東信堂，2007年
藤田英典編『誰のための「教育再生」か』岩波書店，2007年
宮下与兵衛『学校を変える生徒たち』かもがわ出版，2004年

第5章 就学前の子どもたちの教育

はじめに

　就学前の子どもたちが教育を受ける場としては，まずは幼稚園が想起されるかもしれない。しかし，集団での組織的な就学前教育が行われる場には保育所や認可外保育施設もあり，制度的に異なる位置づけが与えられているものの，少なくとも外見的にそれほど幼稚園との違いがあるわけではない。近年では，幼稚園と保育所を一体的に運営するやり方も増加している。

　就学前の教育は，必然的に保護の機能を含むことから，両者を一体的にとらえて保育とも称される。現在では，幼稚園や保育所はさらに幅広く，そこに在籍する子どもたちに対する保育，すなわち発達保障だけでなく，両者ともに母親の就労支援や地域の子育て支援などの機能も期待され，また，保・幼・小連携の必要がいわれるなど，その役割や位置づけが変化してきたといえる。

1　幼児教育・保育制度

幼稚園

　わが国の教育制度において，幼稚園は学校教育法1条に定める学校の一種であり，文部科学省が管轄するものである。目的は，22条に「義務教育及びその後の教育の基礎を培うものとして，幼児を保育し，幼児の健やかな成長のために適当な環境を与えて，その心身の発達を助長すること」との規定がある。そして，それを受けて，23条により具体的な目標が規定されている。

　この目的に関しては，法規定としては，多少の違和感が感じられるかもしれない。まず，「適当な環境を与えて」という文言は，方法に関するものであり，

目的規定に方法が含まれている点である。そして次に,「心身の発達を助長する」とは「保育」にほかならないと考えられる点である。

幼児期の子どもたちには,その特性として,直接的な教授よりはむしろ間接的に,さまざまな遊びのなかで人的・物的環境との相互交渉を通じてこそよりよい発達が保障されることが,とくに重視されているのである。

対象児は「満3歳から,小学校就学の始期に達するまでの幼児」(学校教育法26条)であり,教職員としては「園長,教頭及び教諭を置かなければならない」(27条1項)としたうえで,「副園長,主幹教諭,指導教諭,養護教諭,栄養教諭,事務職員,養護助教諭その他必要な職員を置くことができる」(27条2項)としている。

学校教育法においては,2007(平成19)年の改正後,幼稚園の目的に「義務教育及びその後の教育の基礎を培うもの」という位置づけと,従来からの「適当な環境を与えて」を補って「幼児の健やかな成長のために」との文言が加えられていることが注目される(22条)。後者は「適当に」の意味を明確にしたものであるが,前者は,それが小学校以上の教育を先取りして子どもの発達を無視したいわゆる早期教育を行うことを意味しないことはいうまでもない。

また,幼稚園は「保護者及び地域住民その他の関係者からの相談に応じ,必要な情報の提供及び助言を行うなど,家庭及び地域における幼児期の教育の支援に努めるものとする」(24条)との条文が新設された。在園児の保育に限らない幼稚園のより広範な役割が法文に明記されたわけである。

保育所

保育所は,児童福祉法7条に定める児童福祉施設の一種で,厚生労働省が管轄する。「日日保護者の委託を受けて,保育に欠けるその乳児又は幼児を保育すること」(39条)を目的とする。また,とくに必要があるときは,「保育に欠けるその他の児童」も保育できる(同2項)。

一般には保育園と呼ばれ,施設レベルで正式名称となっていることが多いが,法令上は保育所という。"所"と呼ばれる施設のイメージが必ずしもよくない

ため、そこには、子どもにとって楽しい"園(その)"であってほしいとの願いが込められているとみることができる。

なお、「保育に欠ける」状況とは、保護者のいずれもが、①昼間労働することを常態としていること、②妊娠中であるか又は出産後間がないこと、③疾病にかかり、若しくは負傷し、又は精神若しくは身体に障害を有していること、④同居の親族を常時介護していること、⑤震災、風水害、火災その他の災害の復旧に当たつていること、⑥前各号に類する状態にあること、とされる（児童福祉法施行令27条）。

設置・運営の基準は、児童福祉施設最低基準に定めがある。対象児は、就学前の乳幼児であり、産休明けの0歳でも入所可能である。保育者は保育士であり、おおむね乳児は3人、1～2歳児は6人、3歳児は20人、4歳児以上は30人に1人以上の保育士が必要とされる（同最低基準33条）。「一学級の幼児数は、35人以下を原則とする」（幼稚園設置基準3条）幼稚園の場合よりも、長時間の保育を原則とする保育所では、保育者の配置が手厚いものとなっている。

認可外保育施設

近年、保育所の新設が行われ収容能力が増加し、あるいは既設保育所の定員増が行われているが、2001（平成13）年以来定員を超える入所児童があり、保育所不足が続いている。一方、サービス産業への就労者が増加し、勤務時間もさまざまになり、通常の保育所開所時間では子どもを預けられない人々もいる。そこで、いわゆる認可保育所以外に認可外保育施設が多く存在している。

昭和50年代には入所児童の処遇に関して問題が多く指摘されたが、現在では、認可外保育施設の開始にあたっては届け出が義務化され（児童福祉法59条の2）、都道府県による立入調査や改善勧告が認められる（59条）など、まったく野放しというわけではない。実態も、集合住宅の一室で行われるもの、いわゆるベビーホテルのようなものから、認可保育所以上の敷地や設備を備えて、スポーツ指導等にも力を入れるものまで実にさまざまである。

認可外保育施設に対しても、認可保育所に比べてわずかではあるが、多くの

自治体が補助を行っている。認可外保育施設のなかでも一定以上の条件を備える施設を認証保育所と位置づける東京都の例もある。設置基準を緩和する代わりに，0歳児保育や13時間開所を条件に認めるものである。

認証保育所制度を設ける自治体は他にもあり，認可保育所の新設や定員増がニーズに追いつかないなかで，待機児童対策として一定の効果をあげているものといえる。しかし，認可保育所の設置基準の下に新たな基準を設ける点で，保育施設を三層化するものともとらえられ，その点，疑問が残る制度である。

認定こども園

2006（平成18）年10月，「就学前の子どもに関する教育，保育等の総合的な提供の推進に関する法律」により認定こども園が設置されるようになった。幼稚園と保育所の機能を併せもつ施設であり，制度的には幼保二元制が前提であるが，幼保一体化施設といえるものである。

認定こども園には，①認可幼稚園と認可保育所とが連携して一体的な運営を行うタイプ（幼保連携型），②認可幼稚園が保育に欠ける子どものための保育時間を確保するなど保育所的な機能を果たすタイプ（幼稚園型），③認可保育所が保育に欠ける子ども以外の子どもも受け入れるなど幼稚園的な機能を備えるタイプ（保育所型），④幼稚園・保育所いずれの認可もない地域の教育・保育施設が必要な機能を果たすタイプ（地方裁量型）の4類型がある。

認定こども園は，就学前の子どもに幼児教育・保育を一体的に提供する機能，地域における子育て支援を行う機能（すべての子育て家庭を対象に，子育て不安に対応した相談活動や，親子の集いの場の提供などを行う機能）を備える施設とされ，待機児童対策への効果も期待されるものである。

2015（平成27）年4月からは，子ども・子育て支援新制度が始まる。このなかで幼保連携型認定こども園は，認可・指導監督が内閣府に一本化され，学校及び児童福祉施設として法的に位置づけられる。政府は，認定こども園の普及を図ることとしている。

幼稚園・保育所の外見上の類似性

　以上，日本の保育・幼児教育制度は幼保二元制であり，ほかに認可外の保育施設が存在するわけである。しかし，現実の幼稚園と保育所には，外見上はそれほど大きな違いがみられないことが指摘できる。

　幼稚園と保育所は，結局のところ，どちらも幼児に対して保育を行う点で共通するが，大きな違いの1つは保育時間にある。すなわち，1日の保育時間が，幼稚園は「4時間を標準」（幼稚園教育要領），保育所は「8時間を原則」（児童福祉施設最低基準34条）とする点である。

　しかし，幼稚園でも，通常の保育時間を超えて行う，いわゆる預かり保育が広がり，夕方まで幼稚園で過ごす幼児が増えている事実がある。少子化のなかでの園児獲得策ともいわれるが，2012（平成24）年6月1日現在，全幼稚園の81.4％，とくに私立園では94.2％が預かり保育を行っている。従来，保護者の就労支援は，主に保育所や認可外保育施設が担うものであったが，近年では，幼稚園児の保護者がパート労働を行うことがあり，あるいは，常勤の仕事をもつことも難しくなくなった状況が見てとれよう。

　両者のもう1つの大きな違いとして対象児童があり，具体的には，年齢と「保育に欠ける」状況の有無があげられる。対象年齢の違いとは，幼稚園に入園できるのが，従来，3歳児以上に限定されていたという点である。しかし，幼稚園においては，満3歳児就園が広がり，従来よりも低年齢からの幼児の受入れがすすんでおり，4年保育という言葉も現場から耳にすることができる。

　「保育に欠ける」状況についても，どちらか1つの施設しかない地域では，従来から，その有無にかかわらず，幼稚園か保育所の一方に子どもたちが通園する例がみられてきたところである。

2　保育内容と方法

幼稚園教育要領と保育所保育指針

　幼稚園の保育内容については，学校教育法22～23条の規定に従い「文部科

学大臣がこれを定める」（25条）となっており，さらに，「教育課程その他の保育内容の基準として文部科学大臣が別に公示する幼稚園教育要領によるもの」（学校教育法施行規則38条）とされる。

一方，「保育所における保育は，養護及び教育を一体的に行うことをその特性とし，その内容については，厚生労働大臣が定める指針に従う」（児童福祉施設の設備及び運営に関する基準35条）とされ，保育所保育指針が出されている。

保育所保育指針は，以前は保育内容の参考の指針とされていたが，2008（平成20）年3月に告示され，法的拘束力をもつ最低基準としての性格が明確化された。幼稚園教育要領と法的な位置づけがそろったことになる。対象児の違いから，3歳未満児の保育内容が含まれており，おおむね6カ月未満，6カ月から1歳3カ月未満，1歳3カ月から2歳未満，2歳児に分けて記述されている。

幼稚園教育要領の前身は，1948（昭和23）年3月に公刊された保育要領であるが，これは保育所や家庭の保育の参考となることも意図されており，保育所においても，保育内容の手引きとされていた。

その後，1956（昭和31）年に幼稚園教育要領がはじめて告示され，その後3度の改訂を経て，現行のものは2008（平成20）年に出されている。このなかで，保育内容を組織的に区分して，当初は健康，社会，自然，言語，音楽リズム，絵画製作の6領域，1989（平成元）年の改訂からは，健康，人間関係，環境，言葉，表現の5領域が示されている。

保育所保育指針は，1965（昭和40）年にはじめて出されたが，その前に1963（昭和38）年の文部・厚生共同通知により「3歳以上児の教育の機能については，幼稚園教育要領に準ずることが望ましい」とされ，領域等3歳以上児の保育内容の整合性がはかられている。以後の改訂でも，幼稚園教育要領との整合性は常に意識されている。

2014（平成26）年4月には，幼保連携型認定こども園教育・保育要領が告示された。これも，幼稚園教育要領及び保育所保育指針との整合性を確保して出されている。すなわち，教育及び保育のねらいや内容等については，同じ5領域から構成され，環境を通して行う教育及び保育が基本とされている。

保育内容と方法の多様性

すでに述べたとおり、幼稚園教育要領には法的拘束力があるとされ、それぞれの現場では一応それに従って保育が行われるわけである。幼稚園教育要領には、幼稚園教育は「幼児期の特性を踏まえ、環境を通して行うものであることを基本とする」と述べられ、保育所等における保育も同じである。

しかし、「幼児期の特性」や幼児に好ましい「環境」のとらえ方は保育現場によりいろいろで、保育のあり方もまた実に多様である。たとえば、保育者養成校の学生たちが実習先でまったく同じことを行っても、1人はほめられ、もう1人は叱られるといったことが現実に生じるのである。

とくに1980年代までは、小学校以上の教科学習のように領域をとらえ、各領域別の時間割を組むやり方が幼稚園等でしばしば見られた。現在では、子どもは遊びを通して発達するものであり、その遊びは複数の領域にかかわる総合的なものとの認識が強まり、以前より自由遊びに重点がおかれる傾向にある。

とはいえ、自由遊びを重視する立場でも、屋外での自然環境との触れ合い、たとえば、水や砂・泥などでダイナミックに遊ぶことを良しとするものもあるし、どちらかといえば室内の環境構成に意を遣い、子どもが安心して遊び込めるコーナーづくりや既製玩具の利用を重視するところもある。

一方、幼児期を脳の急速な発達期ととらえ、その機能開発をめざす立場からは、早期能力開発的な保育が行われ、いわゆるフラッシュカードやドッツカードの利用、俳句や論語の暗唱が行われることもある。

以上のような保育現場における多様性を、小学校以上の学習指導要領と比べて、幼稚園教育要領や保育所保育指針の緩やかな解釈を示すものとして肯定的にとらえることは可能である。しかし同時に、要領や指針それ自体の妥当性も含めて、それらが恣意的に解釈されていないか検討することも必要であろう。

子育て支援

幼稚園教育要領には、「子育ての支援のために地域の人々に施設や機能を開

放して，幼児教育に関する相談に応じるなど，地域の幼児教育のセンターとしての役割を果たすよう努めること」とある。これは，現行のものになって新しく入った項目である。

　保育所保育指針でも，新たに第13章が加わって，地域における子育て支援，具体的には，一時保育，地域活動事業，乳幼児の保育に関する相談・助言について述べられている。児童福祉法48条の3にも，保育所は地域住民に対して保育に関する相談・助言を行うよう努めなければならないとの規定がある。

　すなわち，現在の幼稚園や保育所には，在籍する児童やその保護者のことだけでなく，地域の子育て支援が重要な役割として期待されており，保育施設が担うべき正式な活動として認められているわけである。

　実際，子育て中の母親は，子どもを保育所に預けて就労する者よりも専業主婦のほうが育児不安が大きく，子育てに悩む者が多いといわれる。周囲に助けてくれる人がいない孤独な状況のなかでは，子育てにストレスを感じるあまり，つい子どもに手が出てしまうこともあり，それが繰り返されて身体的あるいは心理的虐待へと結びつく危険性も指摘される。

　このような子育て支援機能は，認定こども園では，努力義務を超えてさらに重視される。地域のすべての子育て家庭を対象に，子育て不安に対応した相談活動や親子の集いの場などを提供することとされる。保育施設が担うべき機能として，在籍児童に対する発達保障，保護者の就労支援に加えて，近年，地域の子育て支援も比重を増してきたわけである。

3　近年の幼稚園・保育所をめぐる動き

待機児童問題

　女性の労働力率を表すグラフが，20歳代後半から30歳代前半で落ち込みその後回復するM字型を示すことはよく知られている。しかし，そのM字の谷は次第に浅くなってきており，このことからも，乳幼児を育てる世代でも働き続ける母親が増加していることがわかる。

そのため，少子化が進行するなかでも，保育所への入所希望はむしろ増加している。2013（平成25）年4月1日現在，保育所数は2万4038か所（前年比327か所増），利用児童数は221万9581人（同4万2779人増）にもかかわらず，待機児童数は2万2741人であり，入所できない子どもは多い。しかしこの数には，特定の保育所を希望して待機する者や，自治体の施策により認可外施設に入所している者は含まれず，それらを入れれば，待機児童数は3万8872人となる。

このような状況に対して，2001（平成13）年7月，待機児童ゼロ作戦が小泉内閣により提起され，2002（平成14）年度から3年間で計15万人の受入児童数増大がはかられ，目標はほぼ達成された。しかし，とうてい待機児童ゼロには至らず，「子ども・子育て応援プラン」（2005～2009（平成17～21）年度までの5年間）に引き継がれ，2010（平成22）年には「子ども・子育てビジョン」が閣議決定された。

地方自治体や施設レベルでは，施設定員の増加や定員を超えての入所受入れが行われており，とくに待機児童の多い市町村では，毎年複数の保育所新設が行われている。ほかにも，幼稚園の預かり保育の活用や，認可外施設に対する自治体独自の助成，認定こども園の普及などが行われている。

なお，待機児童は大都市圏に集中しており，埼玉・千葉・東京・神奈川と大阪の5都府県で全体の53.4％を占めている。また，低年齢児（0～2歳）が89.2％を占めるという問題がある（2013年10月1日現在）。国レベルでの制度的な保障とともに，自治体レベルでの柔軟な対応が求められているといえる。

幼保一元化

幼稚園と保育所の外見上の類似性についてはすでに述べたが，子どもの保育・幼児教育を受ける権利，あるいは，地方行財政の効率化の観点から，両施設を制度的に1つにしようとするのが幼保一元化である。それは，保護と教育の統合概念としての保育をキーワードとして，保育一元化ともいわれる。

長く議論はあったものの，従来は，それぞれの管轄官庁の違いから実現は困難といわれつつ，市町村や民間施設のレベルで一体的な試みが行われてきたも

のである。しかし，形式的には両施設の線引きを行わざるをえず，会計処理が二重になるなど煩雑さを免れなかった。

　ところが，1990年代に入り，地方分権，規制緩和政策の流れのなかで，風向きが変わってきた。1996 (平成8) 年に地方分権推進委員会は第一次勧告で両施設の共用化などの弾力的な運用を打ち出し，当時の文部・厚生両省も1998 (平成10) 年5月に共同通知「幼稚園と保育所の施設の共用化等に関する指針」を出している。

　また，両省は同年6月，教育・児童福祉施策連携協議会を開いて「子どもと家庭を支援するための文部省・厚生省共同計画」を策定した。このなかで，教育・保育内容の整合性の確保，保育者研修の合同開催，人的交流の推進などを課題として提示している。

　とはいえ，幼保一体型施設が設立・運営されても，実際には二元化された現状の制度が前提であり，正確には一元化ではなく共用化である。文部・厚生両省も，幼・保それぞれの目的が違っており，異なった社会のニーズに応える必要があることから，共用化はしても一元化の意思はないと明言していた。

　しかし，その後，2003 (平成15) 年6月，政府は「経済財政運営と構造改革に関する基本方針2003」(骨太方針第3弾) において，「地域のニーズに応じ，就学前の教育・保育を一体として捉えた一貫した総合施設の設置を可能とする」とした。そして，2004 (平成16) 年12月，中央教育審議会幼児教育部会と社会保障審議会児童部会の合同の検討会議により「就学前の教育・保育を一体として捉えた一貫した総合施設について（審議のまとめ）」が出されている。

　2005 (平成17) 年度の全国35カ所でのモデル事業を経て，「就学前の子どもに関する教育，保育等の総合的な提供の推進に関する法律」(認定こども園法) が2006 (平成18) 年6月成立し，総合施設は認定こども園として制度化された。2014 (平成26) 年4月1日現在，全国で1359か所ある。

　認定こども園は，就学前の子どもに幼児教育と保育を提供する機能に加え，地域における子育て支援を行う機能を備えるものとされ，その点，今日的意義をもつものかもしれない。すでに述べた通り4つのタイプがあるが，いずれに

しても結局のところ，幼稚園と保育所の両方の機能を担うものとされ，新しい第三の施設ではなくやはり幼保二元制が前提となっている。

そして，従来の最低基準を下回る基準緩和がなされている点など制度面に問題が指摘されるものである。権利論的には幼保一元化はとられるべき道であろうが，近年の政策は乳幼児の発達保障よりも少子化対策，あるいは，財政効率優先の観点が強く，幼・保の共用化ないし一元化への流れも，より冷静にとらえなければならないことを付言しておきたい。

2015（平成27）年度からは子ども・子育て支援新制度が始まることとなり，国・都道府県・市町村レベルで準備が進められている。新制度は，地域別の保育需要を調査して保育施設の適正な配置を行い，都市部における待機児童解消とともに子ども数が減少傾向にある地域における保育機能の確保に対応するものとされる。その中で，幼保連携型認定こども園は，指導監督が一本化され普及が図られることとなる。

保・幼・小の連携

保育所や幼稚園と小学校との間には，大きな断絶があると指摘されている。幼児期の保育・教育は環境を通して行うべきものとされ，内容的に複数の領域にかかわる総合的な遊びが重視される。したがって，小学校以上の教科学習とは異なるわけだが，そのことが強調されすぎると，逆に幼・小，保・小の接続が円滑にいかないという問題が生じることとなる。

近年このような問題にも焦点が当てられ，たとえば，2001（平成13）年の文部科学省「幼児教育の振興に関する調査研究協力者会議」報告には，幼・小連携のための具体例が示されている。教師や子どもや保護者の交流推進，小学校低学年教師と幼稚園教師との情報交換，合同行事の実施などである。

もちろん，従来から，保育所や幼稚園と小学校との交流がなかったわけではない。たとえば，運動会の際，地域によっては，保育所や幼稚園が近隣の小学校の校庭を借りる場合や，保育所が小学校のそれに参加する場合や，幼稚園と小学校が合同で行う場合などである。しかし最近では，そのような行事の際の

交流からすすんで，より日常的な子ども同士のかかわりや，保育者と小学校教師との情報交換など，継続的なかかわりが行われるようになってきた。

また，小学校教師が保育所や幼稚園の保育に参加する研修も行われており，さらに，小学校教師が幼稚園に人事異動する例もある。一方，幼・保の関係についても，幼・保の保育者を一括採用して後に相互に異動を行う市町村や，採用は別々でも保育所から幼稚園への異動を年単位で行う市町村もある。

とくに，小学校低学年の生活科の時間を利用して，幼稚園児と小学生の共同保育・教育も多く行われているが，その際には，幼稚園側と小学校側が事前に連絡を取り合い，共同で指導計画を立てることも行われている。

このように交流ないし連携がすすんできた背景には，小学校での学級崩壊や「小一プロブレム」の原因を，幼稚園や保育所の自由遊び中心の保育に求める見解の存在も指摘できる。もちろん，社会環境などの変化を無視して保育現場に責任を押しつける見方には疑問が残るが，それはともかく，相互の保育・教育を理解する機会として，今後も保・幼・小連携はすすむものと思われる。

幼児教育・保育の今後

最後に，今後の保育・幼児教育の政策的なあり方を示すものとして，幼児教育振興アクションプログラムと，子ども・子育て支援新制度をとりあげたい。それらは，待機児童，幼保一元化，保・幼・小連携の問題も含むものである。

幼児教育振興アクションプログラムは，文部科学省（旧文部省）が1964（昭和39）年の第1次「幼稚園教育振興計画」以来4次にわたって策定してきた幼児教育に関する総合的な行動計画の1つである。2001（平成13）年3月，今後の幼児教育に関する施策の効果的な推進を図るための総合的な実施計画である「幼児教育振興プログラム」が策定されたが，その後を受けて2006（平成18）年10月4日に公表された。

中央教育審議会答申や「骨太の方針2006」，認定こども園の制度化などの幼児教育をめぐる状況の変化を踏まえたものとされる。実施期間は2006（平成18）年度から2010（平成22）年度であった。

具体的には，①幼稚園・保育所の連携と認定こども園制度の活用の促進，②希望するすべての幼児に対する充実した幼児教育の提供，③発達や学びの連続性を踏まえた幼児教育の充実，④教員の資質及び専門性の向上，⑤家庭や地域社会の教育力の再生・向上，⑥生涯学習振興施策における教育力の再生・向上，⑦幼児教育を地域で支える基盤等の強化が掲げられている。

このような国レベルの施策を受けて，都道府県や市町村レベルでも「幼児教育振興プログラム」「幼児教育振興アクションプログラム」が策定されている。たとえば，筆者が居住する鳥取県でも，教育委員会が2004（平成16）年5月に「鳥取県幼児教育振興プログラム」を策定し，その後の少子高齢化等の幼児を取り巻く環境の変化もあって，2013（平成25）年3月にプログラム改訂版を出している。それは保育内容や方法の面で，現場に影響を与えるものである。

一方，子ども・子育て支援新制度は，2012（平成24）年8月に成立した「子ども・子育て支援法」「認定こども園法の一部改正」「子ども・子育て支援法及び認定こども園法の一部改正法の施行に伴う関係法律の整備等に関する法律」の子ども・子育て関連3法に基づく制度であり，保育制度の大幅な変更を求めるものである。

まず認定こども園・幼稚園・保育所を通じた共通の給付（施設型給付）および小規模保育等への給付（地域型保育給付）を創設し，とくに後者は，都市部における待機児童を解消し，子ども数が減少傾向にある地域における保育機能の確保に対応するものとされる。次に，認定こども園制度を改善して，幼保連携型認定こども園を学校及び児童福祉施設として法的に位置づけ，認定こども園の財政措置を「施設型給付」に一本化する。

子ども・子育て支援については，利用者支援，地域子育て支援拠点，放課後児童クラブなどの「地域子ども・子育て支援事業」を充実するという。すなわち，教育・保育施設を利用する子どもの家庭だけでなく，在宅の子育て家庭を含むすべての家庭および子どもを対象とする事業として，市町村が地域の実情に応じて実施していくものとされる。

これらの事業の実施主体は基礎自治体（市町村）とされ，国や都道府県はそれ

を重層的に支えるものとされる。費用負担は社会全体によるものとして，消費税率の引き上げによる財源の確保を前提としている。そして，政策プロセスにさまざまな人々が参画・関与できるようにする子ども・子育て会議が国レベルで設置され，地方レベルでも設置が努力義務とされている。

　しかし，国，都道府県，市町村の制度設計が遅れ，保育現場でも今後の園経営に見通しがもちにくい状況を生んでいる。新制度の財源確保にも不安が強く，幼稚園や保育所から幼保連携型認定こども園への移行も，円滑にはすすみそうにない。今後の動向を見守る必要がある。　　　　　　　　　　【塩野谷　斉】

参考文献

伊藤良高・中谷彪・浪本勝年編著『現代の幼児教育を考える（改訂新版）』北樹出版，2007 年
川村登喜子編著『子どもの共通理解を深める保育所・幼稚園と小学校の連携』学事出版，2001 年
全国保育団体連絡会・保育研究所編『保育白書　2014 年版』ちいさいなかま社，2014 年
特定非営利活動法人全国認定こども園協会編著，吉田正幸監修『認定こども園の未来―幼保を超えて』フレーベル館，2013 年
全国保育団体連絡会・保育研究所編『保育白書　2007 年版』草土文化，2007 年
中山徹・杉山隆一・保育行財政研究会編著『幼保一元化―現状と課題』自治体研究社，2004 年
中山徹・藤井伸生・田川英信・髙橋光幸『保育新制度　子どもを守る自治体の責任』自治体研究社，2014 年
保育研究所編『これでわかる！子ども・子育て支援新制度―制度理解と対応のポイント』ひとなる書房，2014 年
森上史朗『新しい教育要領・保育指針のすべて　どう読みとき，どう実践に生かすか』フレーベル館，2000 年

第6章 教育費と教育財政

はじめに

　教育サービスの提供（社会教育も含む）は基本的に地方自治体あるいは法人・私人が行うもので，義務教育も国の仕事ではなく原則は地方自治体の仕事である。国の役割は補助金・負担金等を支出し，または地方自治体間の財政力格差が大きくならないように財政調整制度により一定の行政サービスを保障することにある。近年，地方分権改革の議論にみるように国の関与のあり方が問い直されていること，また教育への公費の投入を巡りアカウンタビリティの確保が求められていることなど，教育財政の制度と機能をとりまく環境は大きく変わりつつある。

1　教育財政の制度と機能

国の教育予算

　公教育制度を維持・運営するための費用調達とその配分・支出を政府の1つの機能としてみたものを教育財政と表現することができる。財政活動の主体たる政府には中央政府（国）と地方政府（地方自治体）があるから，教育についても，国の教育財政と地方の教育財政とを一応区別でき，具体的な教育財政の規模はそれぞれの政府の毎年の予算から把握することになる。

　ところで，国と地方の予算は1年間の収入の見積もりを表す歳入予算と支出の見積もりを表す歳出予算とがあり，また一般会計予算と特別会計予算とに分けて各省庁（地方自治体の場合は各部局）で所管するようになっている。教育財政

といった場合は一般会計歳出予算を中心に考えることが多い。特別会計は特定の事業目的のため，あるいは独自の収入源のある事業を通常の行政サービスとは区別して管理するために設けられるもので，国であれば2003（平成15）年度までは文部科学省所管の国立学校特別会計があったが，国立大学の法人化に伴って廃止された。現在はエネルギー対策特別会計を内閣府，経済産業省，環境省と共管するのみである（東日本大震災復興特別会計は全省庁の共管になっている）。地方レベルで教育に関連する特別会計としては育英奨学事業特別会計や学校給食特別会計などを設ける例がある。

　予算で考える国レベルの教育財政ということであれば，各省庁の所管別予算（国の予算書のうち「甲号歳入歳出予算」が各省庁所管別になっている）でいう文部科学省所管一般会計予算を見るか（表6．1参照），あるいは主要経費別予算（国の一般会計予算参照書の各省庁予定経費要求書で用いられる分類）のうちの「文教及び科学振興費」に注目しておけばよいだろう（厳密にいえばいずれも科学技術振興費や文化財保護関係経費などを含んでいるのでさらに文教費に絞り込む必要はあるかもしれない）。地方レベルの教育財政ならば各地方自治体の予算のうち教育委員会が所管する歳出予算が中心となる。

　国でも地方でも，毎年度決まったスケジュールで実施される予算編成では，各種行政サービスを所管する組織（教育に関する予算であれば国の文部科学省と地方自治体の教育委員会事務局）が，予算担当組織（国では財務省，地方では財政部や財政課）に予算要求を行うところから始まり，財政担当課が査定をしたうえで最終的に取りまとめたものを内閣・地方自治体の長が「予算案」として国会・議会に提出する。国の場合は前年度の1月中，都道府県・政令指定都市は年度開始の30日前まで，それ以外の地方自治体は20日前までとなっており，これが可決成立すれば当初予算といわれる。国会・議会は提出された予算案に対して一定の制約はあるものの減額または増額修正して議決することができるが，実際にはそうした例はほとんどなく，予算案どおりに可決される。

　教育行政および学校管理運営の実務においては，当初予算の中で要望した経費が確保されたかどうかが関心の的である。ところで，財政運営上は当初予算

表6.1 2014年度文部科学省所管一般会計歳出予算（当初予算）の内訳

	予算額（億円）	割合（％）
義務教育費国庫負担金	1兆5,322	28.6
高校生等への修学支援	3,904	7.3
国立大学法人運営費交付金	1兆1,123	20.7
国立大学改革強化促進事業	186	0.3
私学助成関係予算	4,357	8.1
私立大学等経常費補助	3,184	5.9
私立高等学校等経常費助成費等補助	1,040	1.9
私立学校施設・設備整備等	87	0.2
私立大学教育研究活性化設備整備事業	46	0.1
科学技術振興費	8,483	15.8
エネルギー対策費	1,582	2.9
奨学金事業	937	1.7
文化芸術関係予算	1,036	1.9
公立学校施設整備	645	1.2
国立大学法人等施設整備	487	0.9
国立高専機構運営費	621	1.2
教科書購入費	413	0.8
留学生関係予算	372	0.7
スポーツ関係予算	255	0.5
幼稚園就園奨励費	339	0.6
生涯学習等	1,281	2.4
人件費等	2,285	4.3
計	5兆3,627	100

以外にも補正予算が組まれることは珍しくなく，また年度途中での諸般の事情により当初予算に計上されていても実際には支出されない経費もあるため（制度的な翌年度繰越のほか不用額も発生する），予算（当初予算）額と決算額は一致しない。厳密には決算統計によって把握するほうが正確ではあるが，決算の概要が確定するのは会計年度の終了（3月末）からかなり時間がかかる（国の場合，会計検査院の決算検査報告書が出るのは例年11月で，地方自治体の長が決算報告を議会に提出するのは概ね9月の議会になる）ためもあって，決算情報を活用して次年度

表6.2 国の2012年度一般会計歳入歳出予算決算（文部科学省関係）

(単位：億円)

	①当初予算額	②歳出予算額	③歳出予算現額	④支出済歳出額	⑤不用額
（所管別）文部科学省所管	54,128	63,272	69,528	59,773	1,300
（主要経費別）文教及び科学振興費	54,057	64,158	70,458	59,607	1,233
うち義務教育費国庫負担金	15,575	15,459	15,459	15,298	161
うち科学技術振興費	12,943	17,202	18,530	14,298	83
国　合計	903,339	1,005,366	1,075,935	970,872	28,952

注：②＝①±（補正予算額），③＝②＋（前年度繰越額）＋（予備費使用額）±（流用等），⑤＝③－④－（翌年度繰越額）
(出典：財務省のウェブサイトより筆者作成)

予算を策定するのは難しい。

さて，国の2012年度一般会計歳出を予算額と決算額とで比較すれば，表6.2のとおりである。公立小中学校等の教職員給与にあてられる義務教育費国庫負担金においても，実際の給与支給額が予定していた額を下回って不用額が発生している。2008年度以降の義務教育費国庫負担金でいえば，ほぼ毎年，歳出予算現額（義務教育費国庫負担金には翌年度繰越はありえないので歳出予算額と歳出予算現額は等しくなる）の1〜3％程度が不用額になってきた。

国の補助金制度と義務教育費国庫負担金

表6.1からわかるように，文部科学省所管一般会計予算の大部分を占めているのが，義務教育費国庫負担金（28.6％），国立大学法人運営費交付金（20.7％），科学技術振興費（15.8％），私学助成関係予算（8.1％）であり，この構造はこれまでほとんど変わっていない。義務教育費国庫負担金は，後述するように負担率が2分の1から3分の1に引き下げられたことで以前より金額が小さくなったとはいえ，依然として文科省予算の重要な位置を占める。

この義務教育費国庫負担金に代表されるように，国は特定の政策目的を達成するために地方自治体に対して現金を給付しており，総じて国庫支出金という。国庫支出金は通常，負担金・補助金・交付金・補給金・委託金等に区分され，

これらも各省庁別に所管されている。また地方自治体以外の民間事業者に対しても国は同様の趣旨から現金を給付するので，民間等も含めた国の金銭の給付をひろく「補助金」ということがある。各省庁所管の補助金件数の数え方に決まった方式はないが，仮に『補助金総覧』を用いて交付決定の単位で数えると文部科学省所管分よりも厚生労働省や農林水産省のほうが多く，金額ベースでみれば文科省は全省庁のなかで2番目に多額の補助金等を所管していることになるが，社会保障関係費を所管し補助金総額がもっとも多い厚生労働省のおよそ3分の1にすぎない。

そうした状況であるにもかかわらず，文部科学省の補助負担金がほとんど地方自治体向けであること，なかでも義務教育費国庫負担金と公立小中学校の校舎建築や改築などにあてる施設整備費補助金などは個々の金額が小さくないことなどから，地方自治体に対する国のコントロール手段になっているのではないかと評されてきた。つまり，補助金額を算出する根拠となるさまざまな基準設定が別途文部科学省所管の法律等で詳細に決められているからで，とりわけ義務教育費国庫負担金の場合は，公立義務教育諸学校の学級編制及び教職員定数の標準に関する法律（以下，義務標準法）に基づく教職員定数と連動している。現行制度では，公立義務教育諸学校の教職員給与の実支出額の3分の1か，政令で定める限度額（都道府県ごとに算出される教職員の基礎給料月額に義務標準法による基礎定数分の教職員数と12とを乗じて得られた額の3分の1）のどちらか少ないほうの金額が国庫負担分となり，残りの3分の2は都道府県への地方交付税交付金の中に含まれる。

かつて小泉政権で「国庫補助負担金の改革」「税源移譲」「地方交付税の見直し」の3つの改革を一体的にすすめる「三位一体の改革」に取り組んだことがある（たとえば2002年の「経済財政運営と構造改革に関する基本方針2002」など）。要するに国の補助金を削減し，その分，税源移譲等の地方自治体の自由な判断で使える自主財源に充てることを目指しながら地方交付税の財源保障機能を縮小していくことを課題とした。このとき標的となったのが義務教育費国庫負担金で，当時の2004年度予算では2.8兆円であった。その理由として単独の補助

負担金として巨額であることと，戦後間もない頃の一時期だが廃止された経緯があること，地方側にとっては今後増加が見込まれる老人医療費（老人医療給付負担金等）を負担するよりも，少子化を考慮すれば義務教育費の負担を選ぶほうにメリットがあると判断されたことなどが考えられる。

三位一体の改革と義務教育費国庫負担制度の改革

　補助金改革はそれを所管する各省庁のほか，補助金を受ける側の利害もあって，きわめて難航する。これ以前にも義務教育費国庫負担金の改革はたびたび行われてきており，簡単にいえば三位一体の改革以前の同負担金制度の改革は対象経費の見直しであった。

　三位一体の改革では義務教育費国庫負担制度そのものの存続が危ぶまれていたことから，同負担金制度の改革にはこれまでとは異なるアプローチがとられた。まず，2004年には総額裁量制という仕組みが導入された。これにより各都道府県は国が所定の方法により算定した国庫負担金額の範囲内であれば教職員給与の種類・額や教職員数を自由に決定できる裁量や，諸手当の種類や額を地域の実情に応じて決定できる裁量が与えられている。たとえば教員の給与支給額を抑制し，その分で国の定める定数より多い数の教員を配置することもできる。ただし，実際には想定したような活用例ばかりではなく，むしろ政令で定める限度額よりも実支出額が下回って，国庫に返納（表6.2の不用額の欄を参照）する例がしばしば指摘された。つまり，総額裁量制導入後に各県が取り組んだ人件費抑制策により給与支給額を下げるなどして実支出額を抑えると，国庫負担金はその使途が限定されている（特定財源）ため教職員給与費以外には使えず，都道府県は余剰が出ても国に返納するしかないが，残りの3分の2相当分は使途が限定されない（一般財源）地方交付税交付金の中で算定されているため，結果的に教職員給与費以外にも使えることになる（地方交付税は後述）。

　なお，2001年の義務標準法の改正により，教職員定数の算定にあたって常勤の教職員の総数である教職員定数を非常勤の数に換算できるようになっていたこととあわせて，総額裁量制は公立小中学校でいわゆる非正規教員が増え

る要因にもなっているのではないかと指摘されることがある。

この三位一体改革では，2005年度予算編成過程と2006年度予算編成過程とで，2度の政府・与党の合意がなされており，いずれも義務教育費国庫負担金の扱いが焦点の一つとなった。2005年度予算編成過程での政府・与党合意（2004年11月26日）では，2005年秋の中央教育審議会の結論を得るまでの暫定措置として，2005年度予算で4250億円の削減分を地方への税源移譲予定特例交付金にすることにした。そして中央教育審議会は義務教育費国庫負担金制度を堅持するとの答申（2005年10月26日「新しい時代の義務教育を創造する答申」）を出すのであるが，2005年11月30日の政府・与党合意では，義務教育費国庫負担制度を堅持するとしたうえで，「費用負担について，小中学校を通じ国庫負担の割合は三分の一とし，8,500億円程度の減額及び税源移譲を確実に実施する」となった。こうしてそれまで長く続いた2分の1の国庫負担率がはじめて3分の1とされた。

小泉首相の退陣後は，地方自治体間の財政力の格差など三位一体改革がもたらした負の側面を強調する世論が強まったこと，また教育再生を掲げた第1次安倍政権と，それを明示的には否定しなかった福田政権が続いたことで，教育関係者の間には教育予算増額の期待も高まった。また民主党政権の時期には同党が「コンクリートから人へ」のスローガンを掲げたこともあって，2011年度と2012年度一般会計歳出予算で文部科学省所管予算額が国土交通省所管予算額を上回るという現象も起きている。

行政事業レビュー

三位一体の改革は，地方分権を進め地方の裁量の余地を拡大することで歳入と歳出の一体改革をめざすものでもあり，その過程では3兆円の税源移譲という目標をまず設定するといった手法がとられた。これに対して民主党政権がとった手法は，財政改革を進めるのに必要な財源を無駄の排除により確保しようというものであった。その具体的な方法が，各種補助事業について公開の場でその成果を検証しながら「廃止」「見直し」「縮減」などの判定をしていく，

いわゆる事業仕分けである。

この事業仕分けは内閣府に設置された行政刷新会議(2009年9月～2012年12月)事務局が所管し，2009年11月から2012年11月までに5度の事業仕分けが実施されている。事業仕分けの特徴はその政治主導と第三者による評価という評価過程の外部性にあったが，2010年度からは自己評価的な要素を含めた「行政事業レビュー」も導入された。これは各省庁の行政事業レビューチームが統一的な評価シートを用いて所管する事業の自己点検を行い，外部有識者による評価もふまえた評価結果を，中間段階から公表するというものである。民主党から自民党への政権交代に伴い，事業仕分けのほうは廃止されたが行政事業レビューは2013年度以降も内閣官房行政改革推進本部事務局が統括するかたちで実施されている(2013年4月閣議決定)。

行政機関の仕事ぶりを評価するという点でいえば，従来からも国の政策評価(地方自治体では事務事業評価と呼ぶことが多い)が行われてきたのであるが，基本的に自己評価のみであり後年度の予算編成との関連性がこれほど強調されてこなかったという点で，この事業仕分けや行政事業レビューにみる一連の改革動向は注目される。とくに予算過程において編成過程偏重の傾向を改めようとした点と，国民への公開性を重視する点が特徴的であるといえよう。つまりこれまでは何にどのくらい使うかを決めるプロセス(すなわち予算編成過程)が重視されてきたのに対し，事業仕分けや行政事業レビューでは，何にどのくらい使ってどのような成果があったか(予算執行過程及び決算過程)が問われている。

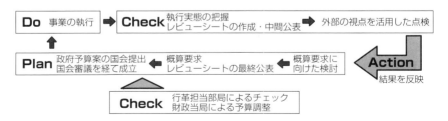

図 6.1　行政事業レビューの PDCA
(出典：内閣官房「行政事業レビュー」ホームページより)

行政事業レビューはその評価結果を次年度予算の編成に反映させようとするものでもあり，いわゆるＰＤＣＡのサイクルができあがる (図6.1参照)。

そしてその評価結果は各省庁共通のフォーマットによって示され，ホームページなどで広く公開されていく。教育の世界ではともするとその特殊性や独立性といった価値により聖域視されがちであったが，教育以外のさまざまな事務事業と同じ評価指標の下でその成果を問われるようになってきたといえよう。事業仕分けや行政事業レビューにみるこうしたアカウンタビリティ確保の手法が教育に及ぼす影響も教育行政学の重要な課題となっている。

2 地方分権と地方教育財政

地方教育財政

地方自治体の教育費支出は通常，一般会計歳出予算上で土木費や消防費，農林水産費などのように所管部局別になっている予算科目のうちの教育費 (これを款の区分という) のなかで管理されている。なお，地方自治体の場合，特別会計の種類が多く，統一的に地方財政の把握をするために一般会計に一部の特別会計 (具体的には公営事業以外の特別会計) を加えた普通会計という概念を用いている。前述した育英奨学事業特別会計や学校給食事業特別会計などはこの普通会計の部類に入る。

地方財政全体をみる場合にはこの普通会計が用いられる。図6.2は2012年度決算 (普通会計) における都道府県と市町村の目的別歳出の総額を示したものである。都道府県財政に占める教育費の割合が高くなるのは県費負担教職員制度により市町村立小中学校の教職員給与は市町村が負担せず国と都道府県で負担していることと，公立高等学校はそのほとんどが都道府県立であることによる。学校経費の設置者負担主義 (学校教育法第5条) からいえば市町村立小中学校の教職員給与などは各市町村の負担となるところだが，義務教育水準の均等化，教職員への人材の確保，人事権と給与負担者の一致などの理由から例外的に，より広域的な自治体である都道府県が市町村立小中学校の教職員給与費負

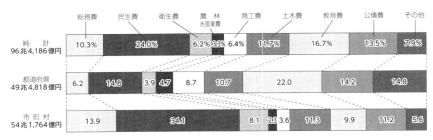

図 6.2　地方自治体の目的別歳出決算額の構成比（2012 年度決算）
（出典：総務省『平成 26 年版　地方財政白書』第 12 図より）

担とその人事権とをもっている（ただし人事権のみ政令指定都市に移譲されている）。そのため図 6.3 に示すとおり，都道府県の職員給において教職員給与費が大きな比重を占めている（教育関係部門のなかには教職員以外の教育委員会事務局職員や給食調理員なども含まれているが，小中高等学校の教員数が圧倒的に多い）。

　なお，これまで県費負担教職員の人事権のみ有し給与負担をしていなかった政令指定都市が 2017 年度からは給与負担もすることになるので政令指定都市を擁する道府県の財政構造はかなり変わる。政令指定都市への教職員給与費移管問題は地方分権改革の動きのなかで長年指摘されてきた事項であった。今後は中核市への移譲が進むかどうかが注目される。

地方自治体の自主性・自律性

　地方交付税交付金は標準税率で課税した場合の地方税歳入などの一定割合（基準財政収入額）と，標準的な規模の自治体で標準的な行政サービス水準を実施すると想定したときに得られる単価をもとに各自治体の状況に当てはめて算出した額（基準財政需要額）とを国（総務省）が自治体ごとに詳細に見積もり，基準財政収入額が基準財政需要額を下回る自治体に対してその不足分を地方交付税交付金として配布する仕組みである。

　地方交付税交付金制度には，第 1 に基準財政需要額どおりに支出する必要がないことで弊害はないのか，第 2 に補助金よりも地方分権的であるというが，

第6章　教育費と教育財政　　87

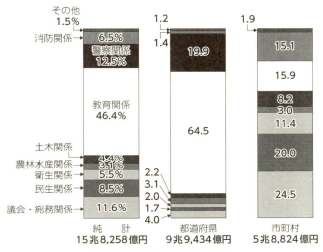

図6.3　職員給の部門別構成比
（出典：総務省『平成26年版　地方財政白書』第57図より）

　これは垂直的財政調整制度（国という上位機関が地方自治体に配分していく）なので金額の算定は国によって行われ，その過程では事業費補正などにみられるように国の意思どおりに自治体の施策を誘導する仕組みがあるではないか，といった問題が指摘されてきた。このうち第1点目については，義務教育費国庫負担金に関連してすでに言及したところでもあるが，ここで改めてみておきたい。

　たしかに，地方自治体の判断で使途を決定できるという意味では地方自治体の自主性・自律性に寄与することにはなるが，一方で，社会全体として必要とされる行政サービスや地方の公共事業に支出せず，敬老祝金や結婚祝金，乳幼児医療費補助などのように，地方交付税交付金の算定上では標準的な行政サービスとされていない施策を首長や政党支部の人気取り政策のために独自に実施することも可能であるから，評価はむずかしい。

　たとえば2001年の「子どもの読書活動の推進に関する法律」制定以降，3次にわたる「子ども読書活動推進基本計画」が閣議決定されており，文部科学省でも「学校図書館図書整備5カ年計画」を策定してきている。同整備計画の

最新の計画期間（平成 24 ～ 28 年度の 5 年間）でいえば学校図書館図書費として約 1000 億円（単年度約 200 億円）が特定財源である補助負担金ではなく一般財源である地方交付税交付金のなかで算定されることになっている。これを地方交付税措置といい，具体的には基準財政需要額を算定する際の単位費用の一つになることを意味する。すなわち，市町村立小中学校の管理運営費用は自治体の学校数，学級数，児童・生徒数の三つの要素で決まる仕組みになっており（これらを測定単位という），学校図書館図書費は学級数をベースに算定される学級経費の中に含まれる。2014 年度の地方交付税交付金単位費用によれば，15 学級を標準とする市町村立中学校の学校図書館費が 77 万 5000 円であるから 1 学級当たりでは 5 万 1700 円となり，これに中学校の学級数を乗じることで当該市町村の中学校図書館費の標準額が出せる（実際には自治体ごとに補正係数による調整がなされる）。しかし各市町村が予算編成をするにあたってそれを下回って予算を組むことには制約がないことから，基準財政需要額で計算される標準額どおりに図書購入費に充てるべきとの議論は根強くある。しかし，逆にそれを上回る予算を組むことも市町村の自由である。

3　学校財務

学校の財務活動

　公立学校は地方自治体が設置管理する公の施設であり，その管理権限は独立した執行機関である教育委員会にある。ただし，学校で行われている財務会計事務は地方自治法などの法令およびその自治体の首長部局が定める手続き（たとえば「財務規則」「予算規則」など）に従う必要がある。なお，教育委員会によっては学校に固有の財務会計ルールとして「小中学校財務取扱要綱」を定めているところもあるが，前述の財務規則等に反するような規定をおくことはできない。

　前節までにみてきたような国・地方自治体の教育関係予算のうち学校教育活動に直接かかわる部分の経費は基本的に各公立学校で使われていくことになるが，売買契約などを学校ではなく教育委員会でするような経費も多い。また，

教職員給与などの人件費に関連する経費の予算執行管理は学校ではなく都道府県や市町村の教育委員会事務局で行っており，学校では給与の計算・支給に必要な教職員個人データの受け渡しといった事務処理が中心になる。

　学校の財務事務は，校長を責任者として実際にはおもに事務職員（教員と同じく義務教育費国庫負担制度の対象となっている）が担当する。学校の予算に関する事務処理の流れは自治体・教育委員会によってまちまちであるが，おおむね新年度が始まった4月以降に各学校で当該年度に使用できる予算額（これを学校予算と呼ぶことが多い）が示され，それを受けて学校では各教科や学年，行事等に予算を割り振った校内予算の執行計画づくり（学校内に予算委員会を組織して計画を策定する学校も多い）を進め，それに基づいて予算を執行していく。地方自治体の会計年度は翌年度の3月末日までであるものの，学校には2月中に予算執行を終えるよう指示する自治体が多い。首長部局財政担当課では予算執行額の集計作業があるため，学校で予算を執行できる期間は実質的には10カ月程度になる。

　学校予算の配分額を決めるのには，各学校からの予算要望を受けて教育委員会事務局の予算担当課が査定していく場合のほか，日常的な教育活動に使う部分（教具や紙類，ピアノの調律や校外学習の貸切バスの費用など）を一定の積算基礎（各学校の生徒数や学級数，校舎面積など）により機械的に配分する場合などがある。

　学校ではそのほかに施設・設備の修繕や高額な備品も必要になる。そうした経費は前年度から教育委員会に予算要望を出しておき，実際の工事契約・発注などは，通常は各学校ではなく教育委員会で行うようにしている例が多い。

　ところで，自治体の歳出予算を管理するための予算科目は上位の区分から順に「款・項・目・節」に分けることになっており，とくに節の区分は地方自治法施行規則15条別記が定める28種類の節の区分に従わねばならない。日常的に学校で使う予算は28節のうちの「需用費」（具体的には消耗品費，燃料費，食糧費，印刷製本費，光熱水費，修繕料などがある）や「役務費」（通信運搬費などがある）「使用料及び賃借料」（遠足に出かける際に学校の予算で貸切バスを使うときは自動車の借上げ料といってこの区分に入る）などがある。普通，教育委員会はこの節の区分

ごとに学校に予算を配当するのであるが，年度末になって過不足が生じる節がでてくることは十分にありうる。たとえば，ある学校で需用費として配当されている予算額が足りなくなった場合，同じ学校に役務費として配当されている予算額の一部を回すこと（節間流用）ができれば，学校側にとっては予算の有効活用といえそうであるが，こうした流用を原則として認めない自治体・教育委員会も少なくない。

　各学校独自に消耗品や備品などを購入するといっても，納入業者に学校から直接現金が支払われるわけではない。一般に，地方自治体の現金出納は収入役（県では出納長）が市長の支出命令を受けて行う。予算執行権をもつ市長から予算を配当されているのは教育委員会であるから，学校での予算執行も最終的な決裁権限は教育委員会事務局にある。小中学校レベルには物品の購入や工事の契約（支出負担行為）をすることも認めず，すべて教育委員会に購入依頼をして教育委員会が発注することにしている場合もある。

学校の自由裁量予算

　ここ20年程，公立学校に自律性を付与することの必要性を主張する議論が盛んである（1998年9月の中央教育審議会答申「今後の地方教育行政の在り方について」などを参照）。公立学校の運営面での自律性ならばともかく，収入面での自立性は考えにくい。公立高校でも生徒が納める授業料は高校を設置する自治体全体の収入となるのであって，そのまま学校予算として使われるわけではない。

　現在議論されている公立学校の自律性確立のための学校財務の改革課題としては，①学校レベル（校長の決裁）で購入契約できる範囲・金額を拡大すること，②教育委員会からの予算配当を節の区分ごとではない大枠での配当として予算執行における学校の裁量を拡大すること，③各学校への機械的・一律的な予算配分ではなく，各学校が特色を打ち出すために必要な予算の要望に対応して配当するような仕組みにすることなどがあげられる。学校の裁量拡大を意図している点で共通しており，これらを自由裁量予算と呼ぶことができる。

　ところが，こうした指摘にもまったく問題がないわけではない。第1に，学

校レベルで相当な金額までの物品購入・工事契約を締結できるようにするには，不正防止のためのそれなりのチェックシステムが必要になり，相応の職員の質・数の確保が問題となりうる。第2に予算執行における学校側の自由度を高めるだけではなく，その成果や業績を評価する仕組みとの連動，あるいは内部措置的にでも，ある学校が節約した分をその学校の翌年度の予算として繰越して使えるような制度など，なんらかのかたちで学校側にインセンティブを与えるような仕組みを同時に検討する必要もあろう。この点は学校にかぎらず現行の行政機関の財務会計制度全般についてしばしば指摘されている改革課題と共通する論点を含んでいる。端的にいえば，成果とは関係なく予算を使い切ることだけが意識されがちな仕組みから，成果重視あるいはより効率的な予算執行ができるような仕組みへの転換である。そもそも地方自治法は「地方公共団体は，その事務を処理するに当つては，住民の福祉の増進に努めるとともに，最少の経費で最大の効果を挙げるようにしなければならない」（2条14項）と定めていた。予算執行にかかわる合法規性や適切性が重視されるあまり，効率性が犠牲にされてきたのではないかとの反省は，教育財政運営にも当てはまるであろう。

【本多　正人】

参考文献

財政調査会編『補助金総覧（各年度版）』日本電算企画
神野直彦『財政学（改訂版）』有斐閣，2011年
末冨芳『教育費の政治経済学』勁草書房，2010年
総務省『地方財政白書』（各年度版）

第7章　教育活動を支える諸条件

はじめに

　教育条件とは，憲法が規定する教育を受ける権利を保障するための系統的かつ組織的な学校教育活動を行うために必要とされる人的側面（教師や職員など），物的側面（施設や教具など），そしてそれらを賄う財政的側面から構成される。また，教育を受ける権利・教育の機会均等を保障する憲法の規定に基づき，困難な児童・生徒に向けての財政的措置も条件整備の重要な任務の1つである。

　その法的・制度的仕組みは多岐にわたるが，本章では主に学校の設置と教員配置の基本的な理解を深めることを目的としたい。

1　教育条件整備とは

教育行政の条件整備義務

　周知のように，日本国憲法26条は教育が義務であった戦前への反省をふまえ，教育を受ける権利の保障とそれに基づき義務教育の無償をうたっている。

　それを受け1947年発布・施行の教育基本法（昭和22年法律第25号）（以後，旧教基法とする）10条において教育条件の整備について規定している。

> 教育基本法（旧法）10条（教育行政）
> 　教育は，不当な支配に服することなく，国民全体に対し直接に責任を負って行われるべきものである。
> 　②教育行政は，この自覚のもとに，教育の目的を遂行するに必要な諸条件の整備確立を目標として行われなければならない。

旧教基法10条では，上記のように規定し，施設設備をはじめとした教育条件を整えて教育を組織化すること，また公的基準や財政的保障を与えてこれを制度化することを教育行政の固有の任務として掲げていた。

しかし，戦前の帝国主義教育がそうであったように，教育行政の任務はときとして，国家が国民の思想良心や教育の自由へ介入する危険性も内包している。

この点に関して，1950年代に紹介されたアメリカの比較教育学者キャンデル（I.L.Kandel）は教育について必要な措置のうち，「教育そのものの方法や教育内容に関するもの」である教育の内的事項と，「財政を整え，建築し，教員を配置し，学校の開校日を定め，等々の用意によって学校に学校としての形を整えること」という教育の外的事項との分類を提唱した。この分類に基づき，教育行政の任務を教育制度や施設設備などのいわゆる外的事項に限定すべきとする説と，さらに教育内容や方法など内的事項もその範囲に含まれるとする説がある。前者は主に教育法学の分野で提唱され，後者は行政解釈として提起されるとともに，両者は教科書検定や学力テストに関する一連の裁判を通して鋭く対立してきた。教科書訴訟において出された判決の1つである杉本判決（1970年）では「教育施設等の設備管理等のいわゆる教育の「外的事項」については，原則として教育行政の本来の任務とすべきところであり，また，教育課程，教育方法などのいわゆる「内的事項」については，公教育制度の本質にかんがみ，不当な法的支配にわたらない大綱的基準立法あるいは指導助言行政の限度で行政権は権限を有し，義務をおうものと解するのが相当である」と判示した。つまり，旧教基法10条における「不当な支配」の禁止は行政にも及び，そのため行政は教育内容には干渉せず，その外的条件整備にのみその権限を有することがこの判決では確認されたのである。

しかし2006年教育基本法が改正され，10条は以下のように変容した。

教育基本法（新法）16条

　教育は，不当な支配に服することなく，この法律及び他の法律の定めるところにより行われるべきものであり，教育行政は，国と地方公共団体と

の適切な役割分担及び相互の協力の下，公正かつ適正に行われなければならない。
　2　国は，全国的な教育の機会均等と教育水準の維持向上を図るため，教育に関する施策を総合的に策定し，実施しなければならない。
　3　地方公共団体は，その地域における教育の振興を図るため，その実情に応じた教育に関する施策を策定し，実施しなければならない。
　4　国及び地方公共団体は，教育が円滑かつ継続的に実施されるよう，必要な財政上の措置を講じなければならない。

　旧法と大きく異なるのは，2の施策策定・実施に関する点，3の教育振興に関する点であろう。行政権の行使を抑制するのではなく，むしろ積極的にP（plan）―D（do）―S（see）サイクルのもと教育内容にも関与することが求められていると解釈できる。
　事実，次いで新教育基本法17条は，教育振興基本計画について，政府に対し総合的・計画的な教育振興の基本的な方針と施策について計画を定め，国会に報告する義務を定め，第2項でこれを受けて地方公共団体の教育振興施策についての計画を策定する努力義務を定めている。

教育基本法（新法）17条
　政府は，教育の振興に関する施策の総合的かつ計画的な推進を図るため，教育の振興に関する施策についての基本的な方針及び講ずべき施策その他必要な事項について，基本的な計画を定め，これを国会に報告するとともに，公表しなければならない。
　2　地方公共団体は，前項の計画を参酌し，その地域の実情に応じ，当該地方公共団体における教育の振興のための施策に関する基本的な計画を定めるよう努めなければならない。

　2007年には「全国の子どもの学力水準を測るため」として全国学力テストが

再開され，公表・非公表をはじめ，活用方法などに関して自治体や首長がさまざまな方針を打ち出しつつある。国や地方公共団体の教育施策実施義務をうたった新教育基本法下の象徴的な事象といってよいだろう。

2 設置主体と条件整備にかかわる法制度

> 教育基本法6条　法律に定める学校は，公の性質を有するものであって，国，地方公共団体及び法律に定める法人のみが，これを設置することができる。

　教育基本法では，学校を設置できるのは「国または地方公共団体の外，法律に定める法人のみ」という制限がされている（教基法6条）。これは「公の性質」を有する設置者のみが学校を設置することができるということであり，私人が学校を設置する場合には法律に基づき，公共性を担保された法人格を取得しなければならない。これが学校法人であり，学校法人に関しては私立学校法に詳しい規定がある。

　これら3つのうち，いずれかの設置主体によって設置された幼稚園，小学校，中学校，高等学校，中等教育学校，特別支援学校，大学，高等専門学校が法的な意味での「学校」であり，学校教育法1条に規定されていることから「一条校」と呼ばれている。設置主体が国であれば国立学校，地方公共団体であれば公立学校，そして学校法人であれば私立学校となる。

　また，いくつかの市町村が連合したかたちの市町村学校組合立学校の設置や，一部または全部の教育事務を他の市町村に委託することが認められている（学校教育法39，40条）。

　加えて，近年では構造改革特区の一環として教育特区の設置も認められている。たとえば株式会社立や，NPO立の学校等も認可され，設置者やカリキュラムなどにおいて，大幅な規制緩和が認められている。代表的なものとしては，英語でほぼすべての授業を行う群馬国際アカデミーや，不登校の子どもを対象

とした東京シューレ中学校などがあげられる。

これらの学校の管理や経費負担については，学校教育法5条が規定しているように，原則としては設置者が行うこととされ，これを「設置者管理主義」という。

> 学校教育法5条　学校の設置者は，その設置する学校を管理し，法令に特別の定のある場合を除いては，その学校の経費を負担する。

ただし，実際には教育条件の学校間，地域間格差が生じないよう，「基準」を規定したり，補助金や国庫負担金が整備されたりしている。

教育条件に関わる法律としては，学校の設置管理（設置基準や管理規則），組織編成（学校規模や学級編成）がまずあげられる。次いでその基準や組織編制に合わせて教職員定数が算定される。そのうえで必要な助成金や国庫負担金が決定されるという形式をとる。

それらを定めた法令のうち，学校教育法はその基盤となるものの1つである。学校教育法では大別して①学校の設置・管理や教員組織に関する条項（1～9条），②義務教育に関わる就学義務や教育目標（16～21条），③各学校の教育課程・職員・入学資格・管理運営などの基準を定めている。

学校教育法の規定を受け，さらに詳細な学校の設置基準を定めているのが学校設置基準である。主な学校設置基準としては現在幼稚園設置基準，小学校設置基準，中学校設置基準，高等学校設置基準，中等教育学校設置基準，大学設置基準，大学院設置基準等があるが，これらは格差が生じないよう学校設置者に義務づけられた最低基準である。

公立学校の組織運営の基礎としての学級編制，そしてそこから算定される教職員定数や配置については「公立義務教育諸学校の学級編制及び教職員定数の標準に関する法律」（＝義務標準法），公立高等学校については「公立高等学校の適正配置及び教職員定数の標準等に関する法律」（＝高校標準法）に規定されている。

なお，私立学校に対する国や地方公共団体の公費による補助金交付については，私立学校法59条で「国又は地方公共団体は，教育の振興上必要があると認める場合には，別に法律で定めるところにより，学校法人に対し，私立学校教育に関し必要な助成をすることができる」とし，その額は私立学校振興助成法4条に規定された経常費補助「2分の1」以内とされている。ただし，運用実態としては2分の1にはほど遠く11％程度である。

3 学校の設置・管理と組織編制

学校の設置・管理

① 学校設置義務

教育基本法は，国民に対し，その保護する子に普通教育を受けさせる義務を課しているが，学校教育法はその義務教育が行われる場所を原則として学校としている（ちなみに不登校などの理由によってはフリースクールなどの通学も義務教育諸学校への就学と見なす措置もあり，実質的には幾分弾力化がされている）。

よって義務教育にかかわる学校については，学校教育法で地方公共団体に対し，設置義務を負わせている。小学校・中学校は市町村に，特別支援学校は都道府県にそれぞれ設置義務がある（学校教育法38条（小学校），49条（中学校）80条（特別支援学校）。

義務教育段階であっても，特別支援学校については設置が市町村ではなく，都道府県に義務づけられている理由は，対象児童生徒数の関係，および一定水準の教育施設を設けるためには財政負担の関係上市町村を設置主体とすることが困難であるという事情による。ちなみに特別支援学校の前身である盲学校・聾学校が義務教育となったのは1948（昭和23）年であるが，養護学校はかなり遅れ，1979（昭和54）年からとなっている。

② 学校の設置基準

学校の設置基準は，学校の設置者が守らなければならない学校の設備・編制

などにかかわる最低基準であり，その対象は多岐にわたる。学校設置基準は監督庁である文部科学大臣が学校の種類に応じて定める（学校教育法3条）。

学校設置基準は学校教育法施行規則と，さらにそれに基づいて別に定められている学校設置基準（幼稚園設置基準，小学校設置基準…）がある。

学校教育法施行規則では，学校に必要な施設・設備の種類や，学校の所在地などの共通基準から，学校種に基づいて学級編制，校務分掌，職員会議，学校評議員などの設備編制基準や教育課程の編制，修了・卒業要件等の教育基準にいたるまで広範囲に教育条件にかかわって規定している。

学校設置基準は，幼稚園，小学校，中学校，中等教育学校，高等学校，高等専門学校，大学と各々の学校種別に，学校教育法施行規則をさらに具体化するものである。そのほかにも単位制高等学校教育，高等学校通信教育，各種学校の各規定，そして特別支援学校の学科を定める省令などもある。

③　学校の管理

公立学校は設置者である教育委員会が管理することになっているが，その根拠となるのが学校管理規則である。学校管理規則は各都道府県や市町村の教育委員会の管轄下の学校の管理にかかわる規定であり，地方教育行政の組織及び運営に関する法律33条に基づき制定されている。内容としては，教育委員会と学校の関係，教育委員会と校長の職務権限，学校運営上の基本的事項などを定めている。

学校の組織編制

①　学校の規模

学校教育法施行規則は，小学校・中学校の規模は学級数で決定されることを定めている。小学校の学級数は12学級以上18学級以下を標準とする。ただし，地域の実態そのほかの特別の事情があるときはこのかぎりではない。また分校の学級数は特別の事情があるときを除き，5学級以下とし，本校の学級数に算入しないものとする（学校教育法施行規則41，42条）。

中学校も小学校と同様に12学級以上18学級以下が標準ではあるが，分校に関する規定のみが異なり，2学級としている（同規則55条）。

また近年少子化の影響により学校統廃合が進められているが，統廃合をする場合，公立の小・中学校については学校を統合する際の基準として，①学級数がおおむね12学級から18学級まであり，②通学距離は，小学校でおおむね4キロメートル，中学校でおおむね6キロメートル以内とし，この基準を満たした校舎等の新・増築に要する経費の2分の1が国庫負担となる（義務教育諸学校等の施設費の国庫負担等に関する法律3条）。

② 学級編制

国レベルの学級編制の基準としては，「公立義務教育諸学校の学級編制及び教育職員定数の標準に関する法律」（義務標準法），「公立高等学校の適正配置及び教職員定数の標準等に関する法律」（高校標準法），学校教育法施行規則，学校設置基準などがある。

小学校，中学校ともに1学級の児童・生徒数は「法令に特別の定めのある場合を除き」40人以下とされ，（設置基準4条），学級は同学年の児童・生徒で編制されるものであり，これを単式学級という（同5条）。ただし，特別の事情のあるときには異なる学年の児童・生徒を一学級に編制できることとなっていて，これを複式学級という。

小学校，中学校（中等教育学校の前期課程を含む）の特殊学級，および特別支援学校の小学部，中学部における学級については，「特別支援学校の幼稚部において，主幹教諭，指導教諭又は教諭（以下「教諭等」という。）一人の保育する幼児数は，八人以下を標準とし，特別支援学校の小学部又は中学部の一学級の児童又は生徒の数は，法令に特別の定めのある場合を除き，視覚障害者又は聴覚障害者である児童又は生徒に対する教育を行う学級にあつては十人以下を，知的障害者，肢体不自由者又は病弱者（身体虚弱者を含む。以下同じ。）である児童又は生徒に対する教育を行う学級にあつては十五人以下を標準とし，高等部の同時に授業を受ける一学級の生徒数は，十五人以下を標準とする」（学校教育法

施行規則120条）との定めがある。

　上記の「法令に特別の定め…」の法令とはこの場合，義務標準法をさす。すなわち，義務標準法では小学校の単式学級の場合には40人（ただし，第一学年を含む複式学級の場合は8人，それ以外の複式学級の場合には16人）を標準としている。特殊学級に関しては小・中学校とも8人が標準である。特別支援学校における小学部と中学部においては学科・学級編制については1学級6名とされている。

　公立学校の場合，義務標準法に定められた児童・生徒数に基づき，都道府県教育委員会が学級編制の基準を定め，その基準に従って，学校を設置する地方公共団体（市町村）の教育委員会が学級編制を行うことになる。市町村教育委員会の行う学級編制はあらかじめ都道府県教育委員会に「届出」をしなければならず，また変更する際も同様である（5条）。

　公立高等学校の場合には高等学校設置基準により，同時に授業を受ける生徒数は40人以下とされる。ただし，特別の事情がありかつ教育上の支障がない場合にはこの限りでない（7条）とされている。次いで「公立高等学校の設置，適正配置及び教職員定数の標準等に関する法律」（高校標準法）では40人を標準とする。ただし，やむを得ない事情がある場合および高等学校を設置する都道府県又は市町村の教育委員会が当該都道府県または市町村における生徒の実態を考慮してとくに必要があると認める場合については，この限りでない（高校標準法6条）と規定している。

4　教員配置と給与

教職員配置と定数改善

　学校教育法7条は「学校には校長及び相当数の教員を置かなければならない」と規定している。学校におかなければならない教職員は小・中学校，幼稚園，特別支援学校（幼・小・中）では校長（幼稚園では園長），教頭および教諭等であり，高等学校ではそのほかに必要に応じて相当数の実習助手をおくものと

している。

　各学校の設置基準には，学級や学校ごとにおくべき教員数についての規定がある。小・中学校では1学級あたり1人以上の教諭をおかなければならない（小学校，中学校設置基準6条1項，2項），高等学校では収容定員を40で割って得た数以上であって，教育上支障がない数の教員をおかなければならない（高等学校設置基準8条）。そのうえで，さらに高校標準法では全日制・通信制や課程の別によって定数の標準が詳細に規定されている（高校標準法7～12条）。

　また，特別支援学校におかなければならない教員数については，学校教育法施行規則に規定がある。小学部においては1学級あたり1人以上の教諭をおかなければならないとしており，中学部においては1学級あたり2人以上の教諭をおくことを基準としている。また，視覚・聴覚障害の高等部においては特殊な教科を担当するために必要な数の教員をおかなければならない（学校教育法施行規則122条4項）。このほか，学校には事務職員や図書館司書，学校カウンセラーなどの職員がそれぞれ配置されている。

　義務標準法による教職員数の算定は，基本的に学級数に基づいており，そのうえでいくつかの条件に応じた加配がされるという形式である。それぞれの学校への教職員の加配は義務標準法のとおりである必要はないが，学校教育法施行規則の定めた数を下回ることは許されない。義務標準法が制定された1959年以降，国は7回にわたって定数改善を進め，教員1人あたりの児童・生徒数を減少させる努力をしている。ただし，第六次定数改善（2005～2012年）からは学級編成の40人という原則は維持したままで，指導方法の改善（公立義務教育諸学校），全日制普通科40人学級の実施や多様な教科・科目の開設（公立高等学校）という目的での定数改善であった。

　2010年中教審初等中等教育分科会は「今後の学級編制及び教職員定数の改善について」において，公立小学校・中学校の学級標準定数を40人から引き下げることを提言した。これを受け2011年には「義務教育標準法」改正案が可決・成立した。

　改正内容は，①公立小学校1学年の学級編制基準を40人から35人に引き下

げる，②都道府県教育委員会が定める学級編制基準を学校設置者が学級編制を行う際の「従うべき基準」から「標準としての標準」に改める，③学級編制について市町村教育委員会から都道府県教育委員会への「同意を要する協議」を廃止し，「事後の届出制」にする，④都道府県ごとの学校に配置すべき教職員定数の標準数の算定でその基礎となる学級数を「実学級数」から「都道府県教育委員会が定める基準により算定した学級数」に改めることを内容としている。

この法案成立により，2011年は小学校1,2学年，2012年は3年生，2013年は4年生，2014年は5年生と中学校1年生…というように漸次40人から35人への少人数学級を推進する予定であったが，財務省から見直しを求められており，動向が注目される。

教員給与

学校を設置する国，地方公共団体，学校法人はそれぞれ自身の設置する学校を管理し，その経費を負担する設置者管理主義が規定されている（学校教育法5条）。すなわち，国立学校の経費は国が，都道府県立学校の経費は都道府県が，市町村立学校の経費は市町村が，そして私立学校のそれは学校法人が負担することになる（私学については一定程度私学助成金も公費から支給される）。

しかし，義務教育諸学校の教員の給与に関してはその例外といえる。教員の給与は，地方による財政の影響を避ける目的で市町村立でありながら国が3分の1（2006年以前は2分の1），そして都道府県が3分の2を負担している。その仕組みは，以下のとおりである。

義務教育諸学校の場合，市町村立学校職員給与負担法の規定により，義務標準法に定められた数の範囲の教員は都道府県がその経費（給与）を負担する「県費負担教職員」となる。さらに義務教育費国庫負担法によって教職員給与の3分の1が国庫負担となる。

教員に関する給与負担を国庫負担と都道府県負担とする設置者負担主義の例外は，財政基盤の弱い市町村であっても均質な教育を提供するという教育行政の原則であるが，その反面地方独自の教育要求に基づいた学校づくり，教員採

用がしにくくなり，結果として硬直した学級編制となったという批判も生まれてきた。

このような反省をふまえ，また国レベルで進められる地方分権・規制緩和の流れを受け，この国からの経費について各自治体が総額のなかで給与と教職員数を決定できる「総額裁量制」が導入されている。少人数学級やそのほか個別の教育課題に対応する教職員配置などに利用されているが，前述の国庫負担の減額や地方財政の逼迫などにより教職員人件費の切り下げに利用される可能性も有している。

施設設備に関する整備

学校教育活動において必須とされる施設設備もまた教育条件整備の主たる対象である。学校の施設設備においては，何をどの程度備えるかについては各学校の設置基準等に詳細な規定がある。

なお，義務教育諸学校の校舎建築については，①公立小・中学校の校舎の新増築，②公立小・中学校の屋内運動場の新増築，③公立特別支援学校の小学部・中学部の建物の新増築，④公立小・中学校の統廃合にともなう校舎・屋内運動場の新増築の各場合においては，「義務教育諸学校等の施設費の国庫負担等に関する法律」で必要経費の2分の1を国が負担することとなっている（3条）。

5　そのほか教育条件整備にかかわる制度

上述した教育条件整備はすべての子どもたちを対象としたものであるが，他方教育の機会均等実現のためには貧困・格差是正のための条件整備も必須である。経済的理由によって就学困難な児童・生徒に対して就学を援助する制度として就学援助と教育扶助がある。

学校教育法は，19条において「経済的理由によって，就学困難と認められる学齢児童又は学齢生徒の保護者に対しては，市町村は，必要な援助を与えなければならない」と規定している。これを受けて「就学困難な児童及び生徒に係

る就学奨励についての国の援助に関する法律」が制定され，就学援助が実現している。

就学援助の支給項目は小中学校ともに学用品等，給食費，医療費，日本スポーツ振興センター掛け金であり，保護者が要保護・準要保護の児童・生徒が対象となる。ただし，認定基準が一律でなく市町村ごとの基準のため格差が生じ，課題となっている。

また，似たような制度として生活保護法に基づいた「教育扶助」制度がある。教育扶助制度は生活保護の受給要件をもつ家庭の児童・生徒が義務教育を受けるにあたって必須となる教科書・教材費，学用品費，通学用品費，給食費などを対象とする。

そもそも日本の生活保護捕捉率は20％と他国に比して格段に低いうえに，就学援助についても全国共通の規定がなく不明確，制度を保護者に知らせていない，認定基準が不明確，申請しにくい，負担額より給付額が低いなど多くの問題点をかかえている。

さらに両制度とも基本的には義務教育に就学する児童・生徒を対象としており，日本社会において最低限度の学歴とされる高等学校への就学援助や教育扶助の整備は立ちおくれている。そのようななかで，高校無償化政策（「公立高等学校に係る授業料の不徴収及び高等学校等就学支援金の支給に関する法律」）の制定は評価できる。また，2013年には「子どもの貧困対策の推進に関する法律」も制定され，積極的な取り組みが待たれる。

おわりに

かつて日本の学校は，「金太郎あめ」と例えられてきた。日本全国どこへ行っても同じような校舎，教室が整備されていることを時に揶揄し，また時に均質な教育条件整備を評価する表現でもあっただろう。しかし，ここまでみてきたように，クラスサイズや教員配置，それにともなう指導方法の改善が地方の裁量に委ねられる余地がますます増えてきている。地方独自の教育を実施する余地が高まったといえるが，他方，自治体財政力の差が教育条件格差につながっ

てしまうことや，全体として国レベルの財政状況による教育条件の下方修正へつながらないように留意する必要がある。　　　　　　　　　　【小島　優生】

参考文献

日本教育法学会編『教育条件の整備と教育法』総合労働研究所，1980 年
土屋基規編著『現代教育制度論』ミネルヴァ書房，2011 年
藤田英典『誰のための「教育再生」か』岩波書店，2007 年
小川正人・山下絢「義務教育費国庫負担金総額裁量制の運用実態」『東京大学大学院教育学
　　研究科紀要第 47 巻』2007 年，471-489 頁
阿部彩『子どもの貧困』岩波書店，2008 年
橘木俊詔『日本の教育格差』岩波書店，2010 年
藤本典裕・制度研『学校から見える子どもの貧困』大月書店，2009 年

第8章　生涯学習・社会教育行政

はじめに

　生涯にわたる教育・学習・文化の権利保障のためには，どのような考え方やしくみが必要なのだろうか。本章では，生涯学習行政の理念とあり方について，その基礎をなす憲法・教育基本法理念と通底する社会教育行政の原則と制度を概観することで考察してみたい。

1　生涯学習と社会教育

生涯学習と学習・教育の権利

　生涯学習の権利を，一言で述べるならば，生涯にわたって学び続け，発達・成長していくことが保障されること，ということができるだろう。これは，人間の発達の権利を，従来の子ども期中心の学校教育の考え方から，それぞれのライフステージにそった教育・学習活動の必要性にまで広げた考え方である。

　このことは第1に，発達概念を豊かにするとともに，教育の保障すべき内容を深化させた。すなわち，教育の課題を，成人に至る精神的・肉体的完成を主な範囲とする考え方から，ライフステージに伴う社会的・文化的課題の解決にまで広げることになった。たとえば，職業従事者の再教育や，キャリアアップのための教育，子どもができた夫婦に対する子育てについての講座，地域環境の改善にかかわる学習活動等，学卒後の科学・技術進歩や，社会的地位・生活領域の変動に伴って必要となる学習活動についても，それぞれの人格・生活形成に必要不可欠な発達課題としてとらえ，これを総合的・体系的に保障することの必要性を明確にした。

第2にこのことは，学校教育に限られない学びの存在を明確にし，学校教育中心の教育制度に対する疑問を提示し，人間の発達をその人のライフステージに合わせて学校教育・社会教育の関係を統一的に見直す契機となったこと，すなわち現代の教育改革理念としてとらえられたことを意味する。

　この思想は，1965年にパリで行われたユネスコ「第3回成人教育推進国際委員会」での，P. ラングラン（Lengran，ユネスコ成人教育部長）報告がきっかけとなっている。彼は，この報告のなかで，急激な社会変化への教育の対応の必要性を指摘するとともに，受動的な適応ではなく主体的な働きかけの必要性を述べ，今後の教育には，生涯の各時期における教育を関連づける時間的統合と，あらゆる教育機関や教育の機会を関連づける空間的統合を構想すべきであると主張した。このようにすべての人間の生涯にわたる発達の保障＝生涯教育（life-long integrated education）を形成すべきだと提起したのである。

　のちに彼の提起は大きな影響を与え，OECDによるリカレント教育（社会に出た者が再入学できる循環システムによって生涯にわたる技能等の向上の機会を付与しようという考え方）の提起や，ユネスコの活動（1985年「学習権宣言」，97年「成人の学習に関するハンブルク宣言」等）に引き継がれていく。

わが国における生涯学習政策の受容

　こうした状況の中で，わが国でも，1971（昭和46）年の社会教育審議会答申「急激な社会構造の変化に対処する社会教育の在り方について」において，急激な社会変化によってもたらされる社会教育の課題を指摘するとともに，家庭・学校・社会の統一的把握と，生涯教育の観点から教育の再検討が提起された。

　また，1981（昭和56）年には中央教育審議会（中教審）答申「生涯教育について」において，「今日，変化の激しい社会にあって，人々は，自己の充実・啓発や生活の向上のため，適切かつ豊かな学習の機会を求めている。これらの学習は，各人が自発的意思に基づいて行うことを基本とするものであり，必要に応じ，自己に適した手段・方法は，これを自ら選んで，生涯を通じて行うものである。この意味では，これを生涯学習と呼ぶのがふさわしい。この生涯学習

のために，自ら学習する意欲と能力を養い，社会の様々な教育機能を相互の関連性を考慮しつつ総合的に整備・充実しようとするのが生涯教育の考え方である」として，生涯教育・生涯学習の必要性を説き，「生涯教育とは，国民の一人一人が充実した人生を送ることを目指して生涯にわたって行う学習を助けるために，教育制度全体がその上に打ち立てられるべき基本的な理念である」と定義づけた。

続いて1984年からの臨時教育審議会では「生涯学習社会への移行」を提言するとともに，以後，中教審・生涯学習審議会（2001年の中央省庁再編により，中教審生涯学習分科会に再編）等で生涯学習の基盤整備と振興のための施策を提言，1990年の「生涯学習の振興のための施策の推進体制等の整備に関する法律」の制定等により，国・地方自治体に推進のための体制（生涯学習担当部局，生涯学習審議会の設置等）が整備されるようになった。

生涯学習政策と社会教育

このようにわが国でも，生涯教育・学習の理念は，それぞれのライフステージの必要に応じて，「学校」および「学校外」で行われるさまざまな教育（＝社会教育）を統合的・総合的に構想することによって，人間の生涯にわたる発達を保障する権利であると，広く認識されるようになってきた。

しかしながら，このような認識は上述の思想継受によってのみ形成されたものではない。萌芽的ではあるが，わが国の戦後教育理念のなかで「教育はすべての国民に対して保障されるべき」と考える土壌がすでに存在していたからこそ広く普及したのである。ゆえに，以下では，わが国における生涯学習のあり方を，社会教育をめぐる権利認識と行政原則の検討を通じて考察してみたい。

2 社会教育の歴史と権利としての社会教育の成立

戦前の社会教育──教化・動員の手段としての社会教育

「社会教育」という呼称が，はじめて政府によって公式に用いられたのは

1921（大正12）年であるが、それ以前から、政府は学校教育領域以外での臣民の教育・文化活動へと関心を寄せていた。早くは、明治初期より天皇制支配の確立のために神道教義の浸透をねらった大教宣布運動をはじめ、日露戦争後の地方の疲弊と国民の士気低下に対する梃子入れとして行われた地方改良運動や教化総動員運動、日中戦争勃発後の挙国一致体制をつくるための国民精神総動員運動と、行政の強力なイニシアティブのもと繰り返し大きな取組みがなされてきた。こうした戦前の社会教育の特徴は、いずれもが行政主体の国民教化・動員のための運動であり、これを通じて国民のいわゆる「思想善導」をはかることを目的としたものである、ということである。

このように、社会教育は、政府が直接国民に働きかけることで、時々の政治課題を解決する内務行政の一手段として考えられていたために、①教育は一元的に中央政府の管理下におかれ、特に、②教育・学習内容については、政府の政策目的に合致するものの宣伝・普及することに限られ、③このような教化・動員のやり方も、もっぱら地域諸団体（たとえば、青年団・婦人会・町内会等）に対する人事をも含めた直接的な干渉・支配・強制をもってなされていた。このため、国民には、主体的・批判的に物事を考え、自立的に行動する力が養われることはなく、結果として、社会教育が、あの破滅的な戦争へと多くの国民を駆り立てるための重要な役割をはたすことになったのである。

戦後の社会教育——権利としての社会教育

日本国憲法・教育基本法は、このような教育の国家目的への従属が、社会教育による翼賛的な大衆動員につながり、無謀な戦争へと駆り立てる大きな要因となったという反省に立ち、戦後社会教育を次のように位置づけた。

すなわち、憲法26条において、「すべて国民は、法律の定めるところにより、その能力に応じて、ひとしく教育を受ける権利を有する」と定めることによって、教育を憲法上の基本的人権としてはじめて位置づけるとともに、子どもたちだけでなく、すべての国民に対して保障することを宣言した。

これを受けて、現行の教育制度の理念と基本的枠組みを創った旧教育基本法

において，学校教育と並んで学校外における教育・文化活動の重要性を宣言（2条）すると共に，7条の「社会教育」において社会教育奨励・振興は国・自治体の責務として定めたのである。

　そもそも旧教基法は，前文において，日本国憲法のめざす民主主義・平和主義の理想が，根本において教育の力にまつべきものであることを述べ，教育の目的について「人格の完成をめざし，平和的な国家及び社会の形成者として，真理と正義を愛し，個人の価値をたつとび，勤労と責任を重んじ，自主的精神に充ちた心身ともに健康な国民の育成」（1条）と「普遍的にしてしかも個性ゆたかな文化の創造」（同法前文）をめざすものと定義した。

　社会教育法においても，教育基本法の精神を受け，社会教育について「すべての国民があらゆる機会，あらゆる場所を利用して，自ら実際生活に即する文化的教養を高め」（3条）ることと定義している。

　これらに描かれている人間像は，戦前の社会教育において教化・動員の対象であった受動的な臣民ではなく，自ら考え・判断し，力を合わせて行動することのできる自立した市民像である。すなわち，戦後社会教育は，戦前の国家による教化・動員の手段としての社会教育から，平和的・民主的な国家および社会の形成者として自立した市民が共同で取り組む教育・文化活動としての社会教育＝権利としての社会教育へと変貌をとげたのである。

3　教育基本法の改正と社会教育・生涯学習

　この旧教基法は2006（平成18）年に全部改正をされた。この改正に伴う諸問題をここにすべてあげることは難しいが，生涯学習・社会教育との関係では次の点を確認しなければならない。第1に，この改正が旧教基法の理念を否定するものではなく，憲法と一体となって旧教基法に貫かれる「個人の尊厳」，「人格の完成」，「平和的な国家及び社会の形成者」などの基本理念の上に新たな原則が確認されなければならない，ということである。このことは新教育基本法前文に「日本国憲法の精神にのっとり，我が国の未来を切り拓く教育の基本を

確立し，その振興を図る」とあること，また国会審議の過程や改正の基本方針を示した中教審答申においても確認されていることである。

第2に，こうして具体化された原則に「生涯学習の理念」が規定されたことである。新教基法3条は「国民一人一人が，自己の人格を磨き，豊かな人生を送ることができるよう，その生涯にわたって，あらゆる機会に，あらゆる場所において学習することができ，その成果を適切に生かすことのできる社会の実現が図られなければならない」として，教育・文化活動が人間のライフステージに合わせて生涯にわたって保障されるものであることを宣言している。

第3に，一方で付け加えられ諸原則が，憲法と一体となった理念と適合するように解されなければいけないということである。たとえば，12条「社会教育」において付加された「社会の要請」の解釈は，基本的人権としての教育基本権・社会教育の原則に従って，ア・プリオリな国家目的からの要請ではなく，個々人の全人格的発達の保障を基本としたとらえ方がなされること，また10条の「家庭教育」においては家庭教育の自主性の尊重原則が法文上だけではなく，後述の生涯学習・社会教育行政の運営原則に従って実施されることなどである。

このように新教基法においても，日本国憲法の理念との一体性は保障されるべきものである。

4 生涯学習・社会教育行政の運営原則

国民の学習の自主性・自由の尊重と施設主義の原則

前述のように，戦前の社会教育は教化・動員の手段として位置づけられていたために，国家による管理・統制こそが社会教育行政の本質であった。これらの諸団体に対して，国は，人事から活動方針に至るまで強力な干渉体制を敷いていたのである（＝権力的行政・団体主義の原則）。

これに対し戦後の憲法・教育基本法体制下の社会教育は，基本的人権として位置づけられ，教育行政の原則は，市民がその必要において創り上げる自主的な教育・文化活動の積極的保障にこそあるのだから，こうした団体への統制は

もっとも忌むべきこととなった。それゆえに、戦前の団体主義の原則に代わって、戦後社会教育行政の運営原則の１つとして位置づけられたのが「施設主義」の原則である。

新教基法は、12条２項において、国・地方自治体の行うべき社会教育振興の基本的施策として、「図書館、博物館、公民館等の施設の設置、学校の施設の利用」と施設の整備・設置を命じている。また、社会教育法３条「国及び地方公共団体の任務」においても、同様に第１番目に「社会教育の奨励に必要な施設の設置及び運営」があげられている。このように社会教育行政のもっとも重要な機能を施設設置・運営としているということは、言いかえるならば、その施設を利用する国民・住民の自主的な社会教育活動・文化活動が前置されているからこそであるといえる。すなわち、施設主義の原則には、社会教育行政の任務として、国民・住民の自由で自主的な教育・文化活動の援助・促進が当然に読み込まれていると考えるべきなのである。

このような国民の学習の自主性・自由の尊重の精神は、戦後社会教育のあり方を根本において規定してきた社会教育法の性格そのものにも、強く表れている。同法は、制定目的について「教育基本法の精神に則り、社会教育に関する国及び地方公共団体の任務を明らかにすること」としており、社会教育における法的規制は、社会教育活動そのものにかかるのではなく、むしろ公権力を行使する国・地方自治体にこそかかっているのである。このことからもまた、社会教育法は、国・自治体に公権力行使の限界を明確に示すことで、国民・住民の社会教育活動の自由の領域を確保しようとしていることがわかる。

環境醸成・助長行政の原則

このような国・地方自治体に対する規制は、必然的にその公権力行使の形態に対する規制として現れる。社会教育法は、国・地方自治体の社会教育の奨励に必要な施策の代表的例として、①施設の設置及び運営、②集会の開催、③資料の作製・頒布、としたうえで、「自ら実際生活に即する文化的教養を高め得るような環境を醸成」（3条）することを目的とすること、としている。

同法があげた代表的施策例は，どれも通常行政機関が行う命令・監督とは異質の非権力的なものであり，その目的も国民自らが文化的教養を高めうるような環境の醸成にあるとしている。すなわち，社会教育行政の権限行使の本質的な形態は，権力行政にあるのではなく非権力的行政にあり，目的の達成についても行政機関自身が実現するのではなく，国民自らが自由で主体的な社会教育活動をなすことができるような環境醸成・助長行政にあるといえる。

　このことは，教育委員会に配置され社会教育行政にかかわって中心的なまとめ役となるべき社会教育主事の職務権限にもよく現れている。社会教育主事は，教育委員会事務局に配置され，社会教育行政にかかわる事務を執るとともに，「社会教育を行う者に専門的技術的な助言と指導を与える」（9条の3）ことができる職であるが，但し書において「但し，命令及び監督をしてはならない」とされ，その助言・指導も非権力的なものでなければならないとされているのである。加えて，この社会教育主事は，原則として大学が養成する専門職として位置づけられており，このため社会教育についての高い専門性と見識を有する者であるからこそ，強制的な権限を用いなくとも対応することができると考えられているのである。

　また，社会教育関係団体に対する指導・助言についても，社会教育関係団体の求めた時にのみ，しかも助言・指導の性格については「専門的技術的」なものに限って，きわめて限定的に認めているだけである（11条1項）。

　これは前述の戦前の社会教育行政に対する反省から生まれたものであり，助言・指導を口実とした，社会教育関係団体に対する国・地方自治体の管理・統制が及ぶことがないようにとの配慮からの規定である。

　さらに，社会教育施設には，次にみるように住民自治の原則のもとに，それぞれの専門職が運営の中核を担うように構想されており，社会教育施策の自立性は高く，住民の教育・文化活動の自主性・主体性は確保されているといえる。

住民自治の原則

　以上述べてきたような国民・住民の教育・文化活動の自由は，ただ単に国・

地方自治体の保障する制度の上に乗っているだけでは，本当の意味で確保できない。教育・文化活動の主体となる国民・住民自身が自ら考え，行動することではじめて自由と主体性が確保されるのである。社会教育行政は，この点についても配慮を行っている。

そもそも社会教育は教育委員会の管轄下にあり，教育委員会は一般行政から独立することで，教育・文化活動の中立性・主体性を確保していることは，周知のことである。

しかし社会教育において住民自治の原則を補強する制度は，これだけにとどまらない。たとえば，それは次のような制度からも読みとることができる。

社会教育に関する基本計画を立てる場合に，その立案・審議にかかわるのが社会教育委員である。社会教育法の規定では，社会教育委員は，学校教育および社会教育の関係者，家庭教育の向上に資する活動を行う者ならびに学識経験のある者のなかから，教育委員会が委嘱するものであり，その構成員のなかに当該地域の社会教育関係者・地域住民が含まれるようになっていることから，住民代表としての性格をもっている。また，主な社会教育施設についても，公民館については公民館運営審議会が，図書館については図書館協議会が，博物館については博物館協議会がおかれ，それぞれの運営に対し館長の諮問に応じ，あるいは館長に対して意見を申し述べることができるようになっている。これらもまた，利用者の代表が委員として加わることが想定されており，利用者・住民の社会教育機関・施設の自治の精神が生かされている制度である。

ただし近年，従来社会教育分野で扱っていた事業等が，教育委員会から首長部局に移管されるという事態が少なくない自治体で起きている。これは，生涯学習政策の展開の中で，①生涯学習が当該地域の住民の生活と深くかかわる課題を取り上げていること，②学習者が学んだことを実際に地域社会で生かす観点からも，社会教育分野を教育委員会の管轄におくよりも福祉やまちづくりの分野と一括りにする方が便利であることなどの理由から，起きた事態である。

これに対して，教育行政の独自性を損なうため，首長部局の意向によっては，住民や関係団体を自治体の一般行政に動員するための手法になってしまい，戦

後教育がめざした国民一人ひとりの必要性からの教育の再構築の理念と対立する機能を果たすのではないかとの批判があがっている。

市町村中心主義の原則

　戦前の社会教育制度が国を中心として，高度に集権主義的であったことが，思想統制につながり，国民の生き生きとした教育・文化活動を抑圧し，それがひいては戦争につながったことの反省から，社会教育行政は教育行政一般と同じように地方分権がはかられている。加えて社会教育行政の場合には，特に，市町村の果たすべき役割を重視してきたことが特徴である。

　これは，中心的社会教育施設である公民館の設置・運営の義務が，市町村教育委員会にのみ課されていることからもわかる。公民館は，あとで見るように，地域における社会教育諸施設のなかで，センター的役割をする中心施設であり，住民の教育・文化活動の拠点となる大事な施設である。これの設置・運営を，より身近な基礎自治体の市町村教育委員会に任せることで，住民にとって身近で活動しやすい施設とすることが構想されている。戦後社会教育の初期構想では，この公民館こそが住民同士の「顔の見える」組織として編成され，教育・文化活動と地方自治のセンターとしての役割が期待されていたのである。

　一方で，都道府県教育委員会は，市町村間の連絡・調整と市町村ではまかないきれない設備の必要な施設の設置・運営を行い，基礎自治体で行われる社会教育活動を支援・促進していくことがその主な任務となっている。

　最近では，情報通信技術の進展とともに，市町村ではまかないきれない高価なITなど設備投資がかかる施設の設置・運営が必要となり，都道府県教育委員会でも基礎的な施設の設置・運営を行うことが多くなってきた。そして都道府県教委がこうした施設を運営する場合，どうしても上からの教育・学習の組織化が進行しがちになるが，その場合でも，住民にとってより身近な存在であり，主体的な参加の道が開けている基礎自治体を重視する社会教育法の精神を尊重し，運営において関連する社会教育関係団体の意見などを適宜取り入れながら，住民自治の本旨を実現するよう工夫がなされなくてはならない。

5　主な生涯学習・社会教育制度

社会教育委員・社会教育主事

　前述のように社会教育に関する諸計画を立案・審議し，社会教育に関し教育長を経て教育委員会に助言をするために，社会教育委員制度が設けられている。

　加えて，社会教育委員は，教育委員会の会議に直接出席して，社会教育に関し意見を述べることができる権限をもち，市町村の社会教育委員は，当該市町村の教育委員会から委嘱を受けた青少年教育に関する特定の事項について，社会教育関係団体，社会教育指導者その他関係者に対し，助言と指導を与えることができる権限をもっている。

　社会教育主事は，前述した通り，社会教育を行う者に専門的技術的な助言と指導を与えることが職務である。本来はすべての自治体におかれるべき役職ではあるが，社会教育法施行令の附則によって，例外規定がつくられたためいまだ設置されていない自治体も少なくない。

　また，専門職であるにもかかわらず，その採用については専門職採用を行っていない自治体がほとんどで，人事配置の関係で一般職員が回ってきて，充て職的に講習会によって資格を取得して主事職につくという人も少なくない。さらに，独自にあるいは複数人の主事を雇うことの難しい市町村では，都道府県委員会からの派遣社会教育主事（その多くは学校教員で，社会教育主事資格を取った人を一時的に派遣する場合が多い）をしてそれにあてる場合が多く，市町村と都道府県のパイプ役になる一方で，地域に専任する期間が短く，長期的な生涯学習・社会教育計画が立案しづらい実情もある。

　このように社会教育主事は，社会教育行政の事務局の中核を担う役職でありながら，専門職としての地位が確立しているとは言い難い側面をもっている。

公民館

　公民館は，戦後わが国独自の発想で創設された社会教育施設であり，市町村

その他一定区域内の住民のために，実際生活に即する教育，学術及び文化に関する各種の事業を行い，もって住民の教養の向上，健康の増進，情操の純化をはかり，生活文化の振興，社会福祉の増進に寄与することを目的とするものである（社会教育法20条）。こうした目的から，公民館は，日常的に住民が顔を合わせて利用できる範囲，すなわち中学校区当たりに1館を目標に整備がすすめられてきた。

　公民館が，単なる貸部屋と異なるのは，公民館主事をおき，館としての主催事業や相談活動を行い，地域住民の社会教育活動の援助・促進を行うところにある。したがって，公民館主事は，地域住民の教育・文化活動に対する要望を整理しコーディネートしていくという教育職としての専門性を問われる職であるが，専門職としての資格・地位が法律上明確になっていない。このため自治体によっては，公民館主事は社会教育主事資格者をもってあてることでその専門性を担保しているが，行財政改革の折から公民館主事には特定の資格や資質を問うことなく非常勤職員を任命する自治体も少なくない。したがって，公民館主事の力量は，自治体によってかなりばらつきがあるのが実情である。近年では，非常勤職員のなかにも仕事を通じて社会教育労働の意義を感じ取り，社会教育主事講習に通うなどして専門性を高めようとする動きもあるが，そういった場合には一般に公民館主事が専門的力量を上げることのできる研修条件を整えている自治体はまれである。ほとんどが，職員の自己努力にかかっている。

　加えて，行財政改革のあおりで，公民館から職員そのものを引き上げたり，首長部局への移管に伴って公民館としての位置づけをはずし，専門職員を引き上げる動きもあり，これまで戦後社会教育を担ってきた中心施設である公民館の存続が危ぶまれる自治体も出てきている。

　公民館の運営を，職員とともに行う住民・利用者の代表が公民館運営審議会（公運審）である。公運審は，館長の諮問に応じ，公民館における各種の事業の企画実施につき調査審議する。公運審の委員は，学校教育および社会教育の関係者，家庭教育の向上に資する活動を行う者ならびに学識経験のある者のなかから，市町村の教育委員会が委嘱することになっている。

かつて公運審は，法律上，必置であったが，自治体ごとの特色を生かす運営組織をつくるということを口実に，必置が解除された。本来ならば，社会教育の住民自治の原則に沿って，各地域の実情に合わせた特色ある運営組織ができるはずであったが，実際には必置規定が削除されたとたんに公運審をおかない自治体が増えてしまった。また，かつて公運審は，法律上，館長の選任にあたって意見を申し述べる権限をもっていたが，この権限も現在の社会教育法からは削除されている。

　本来の改正の趣旨は，地域の実情に合わせた多様で実質的な組織をつくることが目的であったのだが，実際には規制の解除とともに，住民自治の原則が後退しているところが多いのは問題である。

図書館・博物館

　図書館には専門職員として司書が，博物館には学芸員がおかれている。いずれも原則的には，大学で一定の単位を取得した者があたる資格であり，専門職としての性質を備えた役職である。

　しかし残念ながら，行財政改革のあおりで，人件費が削られ小規模な自治体では，これらの専門職員を引き上げる傾向にある。とくに，図書館については，行政改革・規制緩和の進行のなかで，国庫補助を受ける場合の図書館長の司書資格要件を廃止したために，1人も司書資格をもった職員がいない図書館も多く存在するようになった。予算の削減の影響は予想以上に大きく，新しい蔵書や展示物を購入することが数年にわたりできない館もある。また，図書貸出し以外の図書館で行う情報提供サービスを有料化しようする動きもある（いわゆる受益者負担）。国民・住民の知る権利を考えるとき，こうした動きは大いに問題があるといえよう。

　加えて，2003年の地方自治法の改正によって，公共施設の運営を広く民間団体に委託できる指定管理者制度が発足し，図書館などでその制度を取り入れようとするところが出てきていることについても考慮を要する。指定管理者制度が，これまでの管理委託制度と異なる主な点は，①委託できる団体が営利企

業やNPO等の団体にまで拡大されること，②施設の利用料を指定管理者の収入とすることができること（ただし，公共図書館は法律で入館料をとることが禁止されている），③従来の管理受託者が行うことのできなかった施設使用許可などの行政の権限までも行うこと等である。このため，NPO等の民間の意欲ある団体の力を借りることができるようになる一方，委託先によっては受託料とのかかわりでサービス内容を下げたり，安定したサービスの供給が難しくなるのではないかという懸念もある。

6　今後の課題

　生涯学習の権利を，人がそれぞれのライフステージで必要とする学習・教育活動を保障することとするならば，あらゆる人々・機関，あらゆる場所での協力・連携体制の確立（学習ネットワークの構築）が必要となってくるはずである。

　しかしながら，住民の自治なしに，国の都合のみで連携体制だけが進んでしまうと，生涯学習の推進が一方的な教化・動員体制となる危険をはらんでいる。特に，近年の生涯学習政策の動向が，「学びの成果を生かす」事にのみ傾斜しており，このため社会教育での学びが，自らの楽しみや喜びを仲間と共に追求することで人間的な生を保障するレクリエーション活動を軽視したり，あるいは自らの生き方や社会のあり方を見つめ直す社会運動的な学びを「政治的であり公民館の中立性をおかす」として退けたりする傾向が出てきており，社会教育の本旨とズレる傾向が出てきている。あらためて，これまで私たちが社会教育行政で積み重ねてきた諸原則は，生涯学習行政にも通底するものとして認識される必要がある。

【廣田　健】

参考文献
社会教育推進全国協議会『社会教育法を読む』社会教育推進全国協議会，2003年
島田修一『社会教育の自由と自治』青木書店，1985年
日本社会教育学会編『講座　現代社会教育の理論1〜3』東洋館出版社，2004年

第9章　教職員の養成・採用・研修と身分保障

はじめに

　学校では教員をはじめとして養護教諭，事務職員など，多くの教職員が直接的・間接的に児童・生徒の教育に携わっている。しかし本章では教員に限定してその養成・採用・研修と身分保障について述べることとする（養護教諭についてはすぎむらなおみ（2014），事務職員については柳原富雄他（2010）などを参照）。

1　教員という職業

教員の資格

　教員として教壇に立つには，学校の種別や教える教科にみあった教育職員免許状（教員免許状）を取得し（相当免許状主義），教育職員候補者採用選考（教員採用試験）に合格しなければならない。

　しかし免許状の取得，採用試験合格は教員となるための最低条件であり，後述するように常に研究と修養に努め，教員としての資質・能力の維持・向上をめざすべきことはいうまでもない。

教員の職責

　教育基本法6条1項は「法律に定める学校は，公の性質を有する」として学校の公共性を確認している。また9条1項は「法律に定める学校の教員は，自己の崇高な使命を深く自覚し，絶えず研究と修養に励み，その職責の遂行に努めなければならない」と規定し，つづく2項で「前項の教員については，その使命と職責の重要性にかんがみ，その身分は尊重され，待遇の適正が期せられ

るとともに，養成と研修の充実が図られなければならない」と規定している。

改正前の教育基本法6条2項が明記していた教育の「全体の奉仕者」性という重大な責務が改正後に姿を消しているが，その重要性が減じるわけではない。

なお「法律に定める学校」とは学校教育法1条に規定される学校のことであり，そこでは設置者（国，地方公共団体，学校法人）による区別はされていない。したがって，私立学校を含むすべての学校の教員が上に述べた教員としての自覚をもって教育にあたらなければならない。

2　教員の養成と採用

免許状の種類

教育職員免許状は，普通免許状，特別免許状，臨時免許状に分類できる。普通免許状はさらに学校の種類ごとの教諭の免許状，養護教諭の免許状，栄養教諭の免許状に分類できる。ただし中等教育学校についてはこれに相当する免許状はなく，中学校と高等学校の免許状の取得が必要とされる。また特別免許状については学校（中等教育学校と幼稚園を除く）の種類ごとの教諭の免許状，臨時免許状についても学校（中等教育学校を除く）の種類ごとの助教諭および養護助教諭の免許状に分けられる。教科担任制を基本とする中学校と高等学校の教諭の普通免許状と臨時免許状は各教科について授与される（たとえば中学校数学，高等学校地理歴史など）。

免許状を専修免許状，一種免許状，二種免許状に分類することもできる。ただし高等学校については専修免許状と一種免許状のみとされている。この3種についてはそれぞれ取得のための条件が異なる（次項参照）。

次に，特別免許状と特別非常勤講師にふれておこう。両者は教員免許状や教育経験をもたない社会人を学校に迎え入れることを目的に教育職員免許法改正（1988年）によって創設された。特別免許状は教育委員会や学校の推薦に基づき都道府県教育委員会の実施する教育職員認定試験によって授与される。当初は授与件数が少なかったため，中央教育審議会答申「今後の免許制度の在り方」

をふまえて教育職員免許法が改正(2002年)され,授与要件であった学士の学位と有効期限が撤廃された。特別非常勤講師は都道府県教育委員会への届出により教員免許状をもたない者を採用する制度である。当初,中学校と高等学校が中心であったが,近年,小学校でも積極的に活用されている。

免許状取得の条件

教員免許状を取得するにはさまざまな条件を満たさなければならない。その条件は,教育職員免許法および教育職員免許法施行規則(文部科学省令)に定められている。ここでは普通免許状について述べることにする。

免許状を取得するためには,基礎資格と必要とされる科目の履修・単位修得が必要となる。

基礎資格は,修士の学位(専修免許状),学士の学位(一種免許状),短期大学士の学位(二種免許状)である。

必要とされる科目は,「教科に関する科目」「教職に関する科目」「教科又は教職に関する科目」「教育職員免許法施行規則66条の6に規定する科目」の4種類に分けられる。

以下,中学校一種免許状を例に説明する(表9.1を参照)。まず「教科に関する科目」であるが,これは取得しようとする免許状の教科の専門的知識を学ぶもので,最低修得単位数は20単位である。「教職に関する科目」は,教職の意義,教育に関する基礎理論,教育心理学,教科の指導法,教育実習,教職実践演習などで,31単位の修得が求められる。免許状取得には59単位が必要とされているが,両方をあわせて51単位にしかならないため,不足する8単位を「教科に関する科目」「教職に関する科目」「教科又は教職に関する科目」から修得することが必要となる。なお66条の6に規定される科目とは,日本国憲法,体育,外国語コミュニケーション,情報機器の操作の4科目で,それぞれ必要な単位数は2単位とされている。

以上は教育職員免許法改正(1998年)によるものであるが,この改正によって「教職に関する科目」の単位数が増加し,教育実習の単位数が従来の3単位

表9.1 免許状取得に必要な単位数（1998年教育職員免許法改正の前後を比較）

免許状種別	改正前				改正後			
	教科	教職	教科又は教職	計	教科	教職	教科又は教職	計
小学校専修	18	41	24	83	8	41	34	83
小学校一種	18	41		59	8	41	10	59
小学校二種	10	27		37	4	31	2	37
中学校専修	40	19	24	83	20	31	32	83
中学校一種	40	19		59	20	31	8	59
中学校二種	20	15		35	10	21	4	35
高等学校専修	40	19	24	83	20	23	40	83
高等学校一種	40	19		59	20	23	16	59
幼稚園専修	16	35	24	75	6	35	34	75
幼稚園一種	16	35		51	6	35	10	41
幼稚園二種	8	23		31	4	27		31

から5単位（3ないし4週間）に増加した。前者の単位増には，「教職の意義等に関する科目」と「総合演習」（2010年度入学生以降は教職実践演習）という新設科目（いずれも2単位）も含まれている。一方，「教科に関する科目」は従来の40単位から20単位へと半減し，教科内容に対する深い理解と教科指導の能力をいかに保障するかが課題とされている。また教育実習期間の延長は，在学中の学校体験を豊かにする側面をもつが，逆に学生にも実習校にもより多大な負担を強いるという側面も看過できない。

3 教員養成の仕組み

戦前の教員養成

戦前，教員は，師範学校，帝国大学，文部省師範学校中学校高等女学校教員検定試験（文検），専門学校（後の私立大学）の4つのルートを通って教壇に立っていた。このうち師範学校は初等教育教員の養成を行う尋常師範学校と，中等教育教員の養成を行う高等師範学校，女子高等師範学校，青年学校（後の青年師

範学校）に大別できる。また他の三者は中等教育教員の養成機関であった。

　尋常師範学校は，中等教育機関に位置づけられた。教授技術を中心とする実践的（プラグマティック）な教育が行われ，卒業生はすぐさま「一人前の教員」として教えることが求められていた（プロフェッショナリズム）。これは特別な教員養成課程を準備せず，学問研究をすることで中等教育教員としての能力が身につくとされた帝国大学における教員養成の性格（アカデミズム）と対照的なものである。なお，小学校教員の養成のみを目的とする特別な学校において閉鎖的に行われる教員養成の性格を「閉鎖的目的養成」と称する。

　師範学校では，「順良・信愛・威重」を教員の三資質とし，閉鎖的で画一的な教員養成が行われていた。たとえば，1886（明治19）年の師範学校令は「生徒ヲシテ順良信愛威重ノ気質ヲ備ヘシムルコトニ注目スヘキモノトス」（1条）と述べ，1897（明治30）年の師範教育令も，師範学校においては「順良信愛威重ノ徳性ヲ涵養スルコトヲ務ムヘシ」（1条）と，同様の期待を示している。昭和期に入り，総力戦体制が強化されると，師範学校教育の目的も天皇制教学体制の維持・強化という性格をより鮮明にしていく。このことは，1943（昭和18）年に一部改正された師範教育令1条の「師範学校ハ皇国ノ道ニ則リテ国民学校教員タルヘキ者ノ錬成ヲ為スヲ以テ目的トス」という規定からも明らかである。また，師範学校の教育が軍事的性格の強いものであったことを示す資料や証言も数多い。

　師範学校では全寮制がとられ，授業料は免除されていた。また，師範学校の卒業生は教員になることが義務づけられていた。

　師範学校が生み出す画一的な教員は「師範タイプ」と呼ばれ，戦争遂行と皇国民の錬成をその責務とされていた。教員は「天皇の官吏」として，天皇大権（国家の権力作用）の一部である教育に携わっていた。

新しい教員養成のスタート（戦後改革と教員養成）

　1945年，敗戦とともに新たな教員養成がスタートした。義務教育年限の延長や公職追放による教員不足（量的問題）と，戦前・戦中の教員養成に対する批

判（質的問題）に対処するため，①大学における教員養成，②開放制免許状制度を二大原則とする新たな教員養成制度が構想された。

①　大学における教員養成

戦後の教員養成は，教員の学問的レベルを中等教育レベルから高等教育レベルに高めることを求めた。このことは，広い教養に支えられた専門教育という新制大学の教育に加えて教員養成教育を行うことにより，師範学校（プロフェッショナリズム），帝国大学（アカデミズム），双方の問題点を解消しようとするものであった。

②　開放制免許状制度

戦前の教員養成の最大の問題点は閉鎖的目的養成という性格にあった。このため戦後の教員養成制度改革では，上に述べた「大学における教員養成」と「開放制免許状制度」が一体のものとして構想され，多様な専門性に裏づけられた個性豊かな教員の養成がめざされた。したがって教員養成を目的とする「教員養成系大学・学部」「目的大学・学部」の廃止も検討されたが，1949（昭和24）年には国立学校設置法によって学芸大学・学部，教育大学・学部が発足し，開放制免許状制度はその一部に「目的養成」を含むかたちで現在に至っている。

開放制免許状制度とは，教員免許状を取得するのに必要な要件を満たせば，大学や学部・学科にかかわりなく免許状が取得できる制度である。ここでいう必要な資格は，必要な科目の設置や適格教員の配置など大学が満たすべきものと，必要な科目の履修と単位の修得という学生が満たすべきものに区別して考えることができるが，そうした要件は教育職員免許法および同法施行規則に規定されている。大学では，この規定に基づいて文部省（文部科学省）が行う審査を受け，認定を得ることによって教職課程教育を実施することができる（課程認定制度）。

なお，課程認定制度の趣旨から，各大学・学部・学科は学生にどんな免許状でも取得させられるわけではない。学生が各学科の専門教育を基礎にその専門

性に沿った免許状を取得して教壇に立つことにより，学校の教員組織に専門性と多様性が確保され，学校全体の，さらには学校教育全体の質が向上するものと期待された。

4 教員の採用選考

① 「選考」の意味

公立学校教員になるには都道府県・指定都市教育委員会が実施する教育職員候補者採用選考（教員採用試験）に合格しなければならない。教員採用の最大の特徴は，競争試験ではなく選考によるところにある（教育公務員特例法＝教特法11条）。選考とは，人事院規則8－12の規定に従って，学力・経験・人物・慣行・身体等を一定の基準と手続きによって審査し，職務遂行能力を有するか否かを審査する方法であり，候補者を総合的に評価する手段である。なお，一般公務員の採用にあたっては競争試験が原則とされている（国家公務員法＝国公法36条，地方公務員法＝地公法17条）。

② 任命と採用

教員の任命権は都道府県・指定都市の教育委員会にある（地方教育行政の組織及び運営に関する法律＝地教行法37条）が，任命の前に選考権者である教育長の選考と，その結果に基づく推薦が行われるものとされている（同法34条）。任命権者は，市町村教育委員会の内申をまって任命を行う（同法38条）。その際，学校長は市町村教育委員会に対して意見の具申を行うことができる（同法39条）。このように教員候補者の選考権と任命権が明確に分離されているのは，採用過程における選考を重視し，選任の公正性・適切性および教育の自立性を確保する目的によるものである。

③ 採用選考の方法

1982年5月の文部省通知「教員の採用および研修について」は選考方法の多

様化，多様で個性豊かな教員の採用という方針を打ち出した。また臨教審第二次答申（1985年）でも教員採用の改善が提唱され，次いで文部省の教員採用等に関する調査研究協力者会議が「教員採用等の改善について（審議のまとめ）」（1996年）を発表し，面接方法の改善，教育実習の評価，生活体験（学生時代のクラブ活動やボランティア活動など）の評価など，多くの具体的な改善策を提言した。これを受けて同年4月25日，教育助成局長通知「教員採用等の改善について」が出され，多様化の方向性が強調された。

　これらを受けて，都道府県・指定都市教育委員会では採用選考方法の多様化を進め，筆記試験，面接試験（個人，集団），実技試験，作文・論文，体力テスト，適性検査，模擬授業など，多様な選考方法はほぼ定着した。さらに教育実習の成績評価や自己アピール文の提出，学習指導案の作成，父母や民間企業関係者の面接官への登用，社会人のための特別採用の実施などの選考方法も取り入れられている。しかし各教育委員会が採用している選考方法は各教育委員会で大差はなく，実質的には選考方法の画一化が進んでいるとみることもできる。

　さらに，近年，大学在学中の学校ボランティアやインターン体験など，学校現場との連携を基礎としながらも大学外での活動を重視する傾向も高まっている。採用前に学校現場を体験することは意義深いことであるが，そのことが大学教育に及ぼす影響なども考慮した慎重な対応が求められよう。

④　採用数の問題
　教員の採用数は，いわゆる「団塊の世代」の大量退職時代を経て再び「狭き門」へ回帰する傾向が見られる。教員採用数の抑制が学校現場に及ぼす影響も少なくない。
　まず免許外教科担当の問題がある。採用数が全体的に抑えられるなかで，免許状をもたない他教科を担当させざるを得ない実情がある。しかし，これは相当免許状主義に反するものであり改善が求められる。教育委員会は，こうした事態への対応策として複数免許状取得者の採用を重視している。これによって免許外担当は表面的には減少するが，問題の根本的解決とはなりえないばかり

か，教員志望者に必要以上の負担を負わせることにもなる。

　また特別支援学校教員のうち，従来の盲学校については，約2割，聾学校で約3割，養護学校で約6割が当該学校の免許状を有しているにすぎないという現状がある。特別なニーズをもつ子どもの教育にあたるという専門性を考えれば，こうした事態の早急な改善が求められる。

　採用数の問題は教職員定数の問題と不可分一体である。教職員定数は学級数を基礎として算定されるが，学級数は学級規模によって決定される。教育改革の課題の1つとされる少人数学級の実現は，教育効果の向上という本来の目的の達成に加えて，教職員定数の改善という意味でも注目に値する。しかし，進行中の「教育改革」は，国の歳出を抑え教育条件を悪化させる方向に動いている。2013年度の文部科学省予算をみると，当初実施を求めていたすべての小中学校での35人以下学級実現5ケ年計画が見送られたほか，子ども数の減少に伴い3200名の教職員数減が見込まれる一方で定数改善は1400名にとどめられ，少人数学級実施のための加配定数も削減された。また2014年度予算は5兆3627億円で前年度比わずか0.1％増にとどまっている。さらに少人数学級実現に不可欠な教職員定数改善は進まず，教職員定数は1959年の定数改善計画開始後はじめて「純減」（10人）となり，さらなる定数削減も危惧されている。

5　教員の研修

①　研修の意味

　教員の仕事は直接に教育実践の質を左右する。したがって，教員は常に自らの資質・能力を高める努力をしなければならない。教特法はこのことを「教育公務員は，その職責を遂行するために，絶えず研究と修養に努めなければならない」(教特法21条)と規定している。この「研究と修養」をあわせて研修と呼ぶ。さらに同条2項は教員の任命権者に対して，研修に必要な施設や研修を奨励するための方途その他の計画を樹立して研修の実施に努めることを義務づけている。また教員には「研修を受ける機会が与えられなければならない」（同法22

条)という規定が設けられている。ここから，教育公務員の研修が単なる義務ではなく権利でもあることが読み取れるが，それらは教育を受ける権利の主体である子どもにより質の高い教育を提供する義務であり，そのために研修の機会を確保する権利であると考えるべきである。

なお一般公務員については，「研修を受ける機会が与えられなければならない」(地公法39条)のように研修を権利とする見方が示されているだけである。

② 研修の種類

教育公務員の研修は任命権者によるもの(行政研修)と教員の主体的活動として行われる研修(自主研修)に大別される。行政研修は前述した教特法21条2項によるものであり，自主研修は「教員は，授業に支障のない限り，本属長の承認を受けて，勤務場所を離れて研修を行うことができる」(同法22条)という規定によるものである。研修は職責の遂行を目的とするものであるから，いずれの場合も職務の一環として行われるべきものであり，本属長はできる限り教員の自主研修の機会を保障しなければならない。

行政研修は「初任者研修」(教特法23条)，「十年経験者研修」(同法24条)など，教員のライフサイクルに応じて体系的に行われる。初任者研修は1989年度から小学校で実施され，その後中学校，高等学校，特殊教育諸学校(特別支援学校)へと拡大された。初任者研修にあたっては指導教員をおくこととされているのが特徴である。なお，初任者研修の期間は「採用の日から一年間」(同条)とされている。公務員の採用は「条件附採用」でその期間は原則として6カ月とされている(国公法59条，地公法22条)。教育公務員である教員についても同様であるが，初任者研修の創設によって実質的には1年間の条件附採用となっている。このことが初任者教員の地位を不安定なものとすることは，つとに指摘されている。十年経験者研修は2003年度から実施されている。これは「研修の体系化」(教特法25条)をはかる手段の1つとして実施されているものである。十年経験者研修は「個々の能力，適性等に応じて」(同法24条)行われ，個々の教員のニーズにあったものとなることが期待されている。

6 教員の身分保障

① 教員という職業の性格

教師についてはこれを聖職者，労働者，専門職とする3つの見方がある。聖職者論の嚆矢は，教師を「教育ノ僧侶」とし「生命ヲ抛ツテ教育ノ為メニ尽力スルノ決意」を求めた森有礼に求められる（『文部大臣森子爵之教育意見』）。聖職観は師範教育に具体化され戦前・戦中の教師を呪縛した。戦後，聖職観は薄らいだとはいえ，教師としての自覚，教師集団の一員としての自覚が強く求められるなど，教師の使命感にかたちを変えて存続しているともいえる。

労働者論については日本教職員組合（日教組）の「教師の倫理綱領」（1952年）に「教師は労働者である」と明記されていることを紹介しておこう。「綱領」は，押しつけられる聖職者論への批判，労働基本権保障の要求，憲法・教育基本法に示された新しい教育の実現という理想によって貫かれていた。

最後に専門職論については，1966年に採択されたILO-ユネスコの「教員の地位に関する勧告」が重要である。「勧告」は教師を専門職と明確に位置づけたうえで，研修の意義，労働条件の改善，教育政策決定への参加，学問の自由，市民的権利の保障などを勧告している。しかし日本政府は勧告の趣旨を具体化しているとはいえず，残された問題は多い。

② 国・公立学校教員の身分

国が設置者となる国立学校の教職員は国家公務員であり，都道府県・市町村が設置者となる公立学校の教職員は地方公務員としての身分を有する。したがって，それぞれ国家公務員法，地方公務員法の適用を受けることとなる。しかし教員の場合には，その職務と責任の特殊性から教育公務員特例法が適用され，一般公務員とは違った取り扱いを受ける。

教員には，まず公務員としての身分規定がある。公務員は合理的理由なしに不利益処分（たとえば免職や降給など）を受けないという法律上の保障を受けて

いる。これは，公務員が全体の奉仕者として職務に専念できるようにするための保障である。

③　労働基本権の制約

公務員には，憲法の保障する労働基本権（団結権・団体交渉権・争議権）が全面的には適用されない。これは，公共の福祉を実現するという公務員の職務の特殊性による制約であると理解される。

団結権・団体交渉権については，労働組合法，労働関係調整法が適用されず，「職員団体」の結成と「適法な交渉」（労働協約の締結は含まれない）が認められているのみである。また，争議行為（ストライキ）は全面的に禁止されている。その代わりに，勤務条件は法律・条例で定められることにより，適正な水準が守られる仕組みがつくられているが，その実効については問題点も多く指摘されている。

④　政治的中立性

公務員は，その職責の遂行にあたって，政治的中立性を確保し，その地位を政治勢力の影響または干渉から保護するために，政治的行為を制限または禁止されている。たとえば国家公務員法は，「職員は，政党又は政治的目的のために，寄附金その他の利益を求め，若しくは受領し，又は何らの方法を以てするを問わず，これらの行為に関与し，あるいは選挙権の行使を除く外，人事院規則で定める政治的行為をしてはならない」（102条）と規定している。また，地方公務員である公立学校の教員の政治的行為については，教育公教員特例法で「公立学校の教育公務員の政治的行為の制限については，当分の間，地方公務員法36条の規定にかかわらず，国家公務員の例による」（18条3項）とされ，国家公務員法の適用を受けることになっている。

教員の欠格条項は学校教育法9条に規定されており，「a. 成年被後見人又は被保佐人，b. 禁錮以上の刑に処せられた者，c. 教育職員免許法第10条第1項第2号又は第3号に該当することにより免許状がその効力を失い，当該失効の

日から3年を経過しない者，d. 教育職員免許法第11条第1項から第3項までの規定により免許状取上げの処分を受け，3年を経過しない者，e. 日本国憲法施行の日以後において，日本国憲法又はその下に成立した政府を暴力で破壊することを主張する政党その他の団体を結成し，又はこれに加入した者のいずれかに該当する者」は，校長または教員となることができない。

⑤ 私立学校の教職員

　私立学校の教職員は，当該私立学校を設置・経営する学校法人との間の雇用契約による被用者である。したがって，その勤務条件などは，労働協約，就業規則，労働契約によって定められる。労働基準法，労働組合法，労働関係調整法が全面的に適用されるほか，労働三権も完全に認められている。

　しかし，私立学校の教員も教員免許状の取得を必要とされ，教員としての身分を有することについては，国・公立学校の教員と変わりはない。私立学校も公教育制度の一環であり公共的性格を有する。したがって，私立学校教員も全体の奉仕者であり，党派的教育活動が禁止されるなど，その地位に由来する特質を有し，国・公立学校の教職員とともに教育を通じて国民に奉仕するという職責を担っている。

7　おわりに－教員養成にかかわる新しい動き

　2012年8月28日，中央教育審議会は「教職生活の全体を通じた教員の資質能力の総合的な向上方策について」を答申し，「学び続ける教員像」の確立を提言した。とくに重視されるのは，a. 教職に対する責任感，探究力，教職生活全体を通じて自主的に学び続ける力（使命感や責任感，教育的愛情）と，b. 専門職としての高度な知識・技能の2点である。より具体的には，a. 教員養成を大学院修士課程レベルを中心とする，b.「一般免許状」「基礎免許状」「専門免許状」（いずれも仮称）を創設する，c.「一般免許状」取得者を教員採用選考の対象とするなどの提言が行われた。

文科省の「英語教育の在り方に関する有識者会議」は2014年9月4日,「2020年とそれ以降を見据えた英語教育の充実強化」(素案)を発表し,小学校中学年で外国語活動を,高学年ではこれを教科とすることを求めた。

　また,中央教育審議会は,2014年10月21日に「道徳に係る教育課程の改善等について(答申)」を取りまとめ,道徳の教科化が事実上決定した。

　さらに,文部科学省は小中一貫教育をさらに推進する方針を固め,義務教育学校制度(仮称)の創設を視野に検討をすすめている。すでに小学校教諭免許状と中学校教諭免許状をあわせた「義務教育免許状」の創設も提言されており(中央教育審議会「教職生活の全体を通じた教員の資質能力の総合的な向上方策について(答申)」,2012年8月28日),教員免許状制度および大学における教員養成教育の改革が求められる事態は避けられない状況にある。

　教員の資質・能力の向上が必要であることは言を俟たない。しかし,その手段については慎重な議論が求められる。大学・大学院での養成もさることながら,学校現場での豊かな実践と経験,先輩・同僚教員との共同,何よりも児童・生徒との実践を通じた交流が教員を育てるという側面が看過されてはならない。そのためには,教職員の勤務実態を明らかにし,その改善を行うことが求められよう。教職員の勤務条件は,とりもなおさず児童・生徒の教育・学習条件の根幹をなすことを忘れてはならない。

【藤本　典裕】

参考文献
すぎむらなおみ『養護教諭の社会学―学校文化・ジェンダー・同化』名古屋大学出版会,2014年
柳原富雄他『教育としての学校事務―子どもの学習発達保障のために』大月書店,2010年
山田昇『戦後日本教員養成史研究』風間書房,1993年
日本教師教育学会編『講座教師教育学』(全3巻)学文社,2002年
岡本洋三『開放制教員養成制度論』大空社,1997年
文部省教職員課教員養成・免許制度研究会編『教員免許ハンドブック』第一法規,1990年より(加除式)
OECD国際教員指導環境調査(TALIS)

第10章 教育課程行政と教科書

はじめに

　本章は，まず教育内容（教科書）が，どのようなしくみで決められているかについて説明し，その歴史的背景や問題点を概説している。教育内容のあり方は，平和と民主主義，人々の思想や自由とも深くかかわる重要な問題である。もし教育が，国家による民衆統制の手段になっているとすれば，もはやそれは教育ではなく，一部権力者による国民への「教化」であり「洗脳」であるといえよう。明治以降，日本の教育は，極端な天皇崇拝と軍国主義を育むことに成功した。第二次世界大戦以降そのような教育は，教育基本法（1947年）により否定された。しかし，現実はどうであろうか。2006（平成18）年12月，教育基本法が約60年ぶりに改正された（新教育基本法）。それにもとづき，関係法律の改正がおこなわれた（2007年6月）。教育内容のあり方は，今も問題になっている。

1　教育課程行政の基本的考え方

教育課程行政のしくみ

　学校において，子どもたちに教えるべき教育内容とその計画を「教育課程」（カリキュラム）という。まず小学校を例にとって，文部科学省の教育課程に関する基本的考え方（行政解釈）を紹介する（中学校・高等学校・中等教育学校・特別支援学校も基本的に同じ）。

　教育内容は，憲法・教育基本法の諸規定・諸原則を基本とするが，具体的には，学校教育法の次の定めによる（教育内容の基本原則問題については後述）。

学校教育法 33 条　小学校の教育課程に関する事項は，第 29 条及び第 30 条の規定に従い，文部科学大臣が，これを定める。

学校教育法（2007 年 6 月以前）では，「教育課程」の文言は，「教科」となっていた。教育学上の概念としては，「教科」と「教育課程」は必ずしも同一ではないため，「教科」は，学校の教育活動あるいは教育課程と同義であると，文科省は強引に解釈し，小学校の「教育課程に関する事項」は，文科大臣が定めることができると説明してきた。しかし，論争を避けるためであろうか，学校教育法を 2007 年 6 月に改正して「教育課程」と改めたのである。

学校教育法施行規則（省令）4 章 2 節に，「教育課程の編成」「授業時数」「教育課程の基準」「教育課程編成の特例」「履修困難な各教科の学習指導」「教育課程等の特例」「課程の修了・卒業の認定」「卒業証書の授与」が規定されている。

学校教育法施行規則 50 条（教育課程の編成）　小学校の教育課程は，国語，社会，算数，理科，生活，音楽，図画工作，家庭及び体育の各教科（以下この節において「各教科」という。），道徳，特別活動並びに総合的な学習の時間によつて編成するものとする。（2 項・略）

学校教育法施行規則 52 条　小学校の教育課程については，この節に定めるもののほか，教育課程の基準として文部科学大臣が別に公示する小学校学習指導要領によるものとする。

つまり，科目名や授業時数などを学校教育法施行規則（省令）で規定し，より具体的教育内容については，学習指導要領が定めている。この学習指導要領は，現在「告示」という形で示される。文科省の説明では，学習指導要領は法規としての性格をもち，法的拘束力を有しているという。

小学校学習指導要領は，1947（昭和 22）年に作成され，その後，1951 年，58 年（これ以降「告示」），68 年，77 年，89 年，98 年，08 年と 7 度改訂された。2008（平成 20）年学習指導要領（2011 年 4 月全面実施）は，2006（平成 18）年教育基本法改正（安倍晋三内閣）を受けたものである。その内容は，詰め込み教育と競争の教育のみならず，「愛国心」育成などの道徳教育を「学校の教育活動全体を通じて行う」とするなど，国家統制的傾向をいっそう強くしている。2012

(平成24)年12月,政権の座に戻った安倍首相は,2006(平成18)年教育基本法にもとづく教育のさらなる徹底を求め,再び教育改革に取り組む。中教審は,道徳が「教育の中核をなすもの」という認識を示し,小中学校道徳の教科化(「特別の教科　道徳」(仮称))を下村博文文科相に答申した(2014年10月21日)。また下村文科相は,同年11月20日,学習指導要領の全面改訂を中教審に諮問した。中教審は2016(平成28)年に答申を予定しており,その後新学習指導要領が告示されることになる。

国による教育統制の復活

　第二次世界大戦後,教育の民主化が重要なテーマとなった。旧教育基本法10条は,次のように定めていた。

　旧教育基本法10条(教育行政)　教育は,不当な支配に服することなく,国民全体に対し直接に責任を負つて行われるべきものである。
　　②　教育行政は,この自覚のもとに,教育の目的を遂行するに必要な諸条件の整備確立を目標として行われなければならない。

　つまり教育は,特定の政党や宗教勢力,あるいは行政などの「不当な支配」に服さないことが大切であり,教育行政はそれを自覚し,教育の条件整備に徹していくべきだという趣旨である。

　ところが,旧ソ連の原爆実験成功(1949年9月)と中華人民共和国成立(同年10月)を契機として,アメリカの極東戦略が大きく転換する。共産主義を脅威とするアメリカは,日本・沖縄・フィリピンを共産主義封じ込めの防衛ラインと位置づける。そして1950(昭和25)年6月,北朝鮮による軍事侵攻によって開始された朝鮮戦争は,日本の再軍備へのきっかけとなった(1950年7月マッカーサー書簡)。アメリカは,日本の非武装平和主義の憲法草案を提示したその4年後に,日本の再軍備を命じたのである。マッカーサーの後任として対日占領の最高司令官になったリッジウェイの声明(1951年5月)により,政府は政令改正諮問委員会を設置し,戦後改革の見直しに着手しはじめる。その「教育制度の改革に関する答申」(1951年11月16日)は,戦後教育改革を否定するも

のであり，その後の教育政策の方向を決定するものであった。

　1953 (昭和 28) 年アメリカ大統領に就任したアイゼンハワーは，世界各地域での地上戦を同盟国の現地兵力でまかなう戦略を採用した。その結果，日本の軍事力強化が重要な課題となり，相互安全保障法 (Mutual Security Act: 以下 MSA) を日本に適用する方針を採用した。この法律によれば，援助物資の受け入れとともに，アメリカへの軍事的義務を負うことになっていた。MSA 援助受入れのため，池田勇人 (自由党政務調査会長) が，アメリカに派遣された。ロバートソン国務次官補と会談した池田は，アメリカ側から，日本の防衛兵力として 10 個師団 32.5 万人という数字を提示されたが，日本側は，10 個師団 18 万人という数字を示した。池田は，急速な再軍備ができない理由を，アメリカ側に対して 4 点のべた。①法律的制約 (憲法 9 条の存在)，②政治的・社会的制約 (占領 8 年間の間に，防衛の任にあたるべき青少年が平和教育を受けたこと)，③経済的制約 (お金がない)，④実際的制約 (教育の問題，共産主義の浸透から多数の青年を短期間に軍人にできない)。結局アメリカは，日本側に理解を示し，軍事力については日本案で了承することになる。しかし同時に日本は，アメリカに対して次の約束をすることになった。

　「日本政府は，教育および広報によって日本に愛国心と自衛のための自発的精神が成長するような空気を助長することに第一の責任をもつ」(『朝日新聞』1953 年 10 月 25 日)

　つまり，憲法 9 条を否定する再軍備化のための教育を，日本政府は対米公約としたのである。こういう歴史事情を背景に，学習指導要領は「告示」化されていく。

2　学習指導要領

学習指導要領の登場と「告示」化

　1947 (昭和 22) 年 3 月，学習指導要領一般編が初めて公になった。その表紙には「試案」と書かれていた。

地方分権と教育における自主性確保を目的とした，1948年公布の教育委員会法（旧法）は，教育委員会の事務として「教科内容及びその取扱いに関すること」「教科用図書の採択に関すること」を規定していた。つまり当時文部省は，教育課程の最低基準は定めるものの，教科用図書を含む具体的な教育内容については，地方の自主性に委ねるという方針であった。そのため，学習指導要領は「試案」でよかったのである。

　しかし，1956（昭和31）年『高等学校学習指導要領一般編』『各教科編』改訂版が文部省から発表されたとき，大きな転機が訪れる。文部省は，学習指導要領の表紙から「試案」の文字を削除した。そして，学習指導要領は基準であり，基準枠内の自由は認めるが，基準を踏み外してはいけないという解釈を示しはじめたのである。

　1958（昭和33）年の学習指導要領改訂（小・中。高等学校は，1960年）で文部省は，学習指導要領を『官報』に「告示」した。これ以降文部省は，学習指導要領は告示という法形式で公にされているので法的拘束力をもつという説明をする。つまり，学習指導要領を逸脱した教育課程を編成することは法令違反となり，公務員である教師は処分の対象になる、ということである。この時の改訂で，「道徳」が教育課程の領域として，さらに「国旗を掲揚し，君が代を斉唱させることが望ましい」という記述も登場した。

学習指導要領の法的拘束力

　日本教育法学会では，この文科省解釈に対する批判が支配的である。1960年代以降有力になる学説に大綱的基準説（兼子仁）がある。大綱的基準説では，教育における内的事項・外的事項の区分を前提に，文科省の教育課程関する権限は，「小・中学校の教科と時間配当，高等学校の教科・科目・授業時数・単位数など」の「ごく大綱的な基準」に限られるとする。ところが学習指導要領は，各教科の教育内容・方法・教材に関して詳細に定めているので，その大部分が法律の委任範囲を越えていると批判する。それゆえ学習指導要領は全体として法的拘束力をもちえず，指導助言文書とされる（兼子仁『教育法（旧版）』）。この

学説は，全国学力テスト（学テ）裁判下級審判決の多くで採用されることになった。

　その後兼子仁は，「学校教育法が『教科に関する事項』の立法化を予定しているのは，『学校制度法定主義』の一環として，『学校制度的基準』を成す各学校段階の教育編成単位である教科目等の法定にほかならない」という学校制度的基準説（兼子仁『教育法（新版）』）へと学説を発展させた。ここで，立法可能な学校制度的基準とは，施設設備，学校組織規模（学校・学級規模，教職員数），学校教育組織編成（入学・卒業資格，教育編成単位），教科目等（教科・科目名，教育課程構成要素，標準授業時数）までとする。また告示という形式は，行政機関がその所掌事務につき公示をおこなうための法形式であって，法規命令であるか否かは告示の内容によって決まる。それゆえ，前述のように学習指導要領は，学校制度的基準の範囲を越えるものであるから法規とはいえない，という解釈である。これにより，教科教育内容にわたる法規的基準を容認する余地をもつ大綱的基準説は，発展的に退けられた。

　学テ下級審判決の多くが，大綱的基準説を採用した。しかし最高裁旭川学テ判決（1976年5月21日）は，学習指導要領が大綱的基準の限度を越えたものと判断した原判決の論理を否定し，それは「必要かつ合理的な基準」として大綱的基準の範囲内にあるものと判断した。しかし最高裁も学習指導要領そのものを「法規」であるとは判断できず，「基準の設定として是認」しているに過ぎない。この判決は，「大綱的基準説のせん称」と評されるようにさまざまな解釈を生む余地をもち，判例解釈をめぐっての議論がある。最高裁ではその後，伝習館高校事件最高裁第1小法廷判決（1990年1月18日）において，学習指導要領の「法規としての性質」を認めたため，文部省（当時）は，これまでの自分たちの主張が受け入れられたと歓迎した。しかし，先の最高裁旭川学テ判決をどのように継承したのかについての明確な論証を欠くこの判例の価値は低く，今日もなお最高裁旭川学テ判決が，判決例としての位置を占めている。つまり，問題は解決されていない，というべきである。

日の丸・君が代と学習指導要領

　1958（昭和33）年以降，強制力をもって，一貫して教育現場を混乱させてきた問題が，日の丸・君が代問題である。国旗国歌法が成立し，「君が代」と「日の丸」が，法律上，国歌と国旗となるのは，1999（平成11）年である。しかし法的強制力をもつと説明された学習指導要領（1958年以降）では，「日の丸」はすでに「国旗」であった。

　1977（昭和52）年の学習指導要領改訂では，さらに「君が代」も「国歌」とされる。そして，「望ましい」という表現は，1989（平成元）年の学習指導要領改定で「指導するものとする」という強い表現に変わる。

　1989（平成元）年3月に『官報』に告示された学習指導要領は，小学校と中学校がそれぞれ移行措置期間を経て，1992年度と1993年度から全面実施，高等学校が1994年度から学年進行で実施されることになった。この学習指導要領によって，入学式や卒業式などにおける国旗・国歌が義務化されたのである。国旗国歌は，すべての学校に対して区別なく，1990年度から実施が義務づけられた。文部省（当時）は，教師に国旗・国歌の指導を義務づけたので，それに基づく教育委員会や校長の職務命令に従わないものは，処分の対象になると説明した。その結果，国旗掲揚率・国歌斉唱率は上昇するが，この問題で毎年処分される教師がでることになる。

　「君が代」実施率の低い広島県では，県教委が，1999（平成11）年2月，県立高校卒業式（3月1日）を前にして，「国旗掲揚」「国歌斉唱」の完全実施をもとめる職務命令を校長に出した。そして卒業式の前日（2月28日），広島県立世羅高校の校長が自殺するという事件がおきる。この自殺事件をきっかけにして，小渕首相（当時）は，3月3日，国会において国旗国歌の法制化への意思を表明した。こうして国旗国歌法は，1999（平成11）年夏成立することになった。

　文部省は，それまで，慣習法および学習指導要領を根拠に，日の丸・君が代を学校教育に押しつけてきた。ところが，「君が代」の「君」は天皇であると教えてきた過去の歴史があるため，日本国憲法の下では「君」の意味を天皇に限定せず，国民一般を含むという解釈をもちいてきた。しかし法制化にあたり「君」

とは何を意味するか，その見解を求められた政府は，「君」を「日本国及び日本国民統合の象徴であり，その地位が主権の存する日本国民の総意に基づく天皇のこと」とした。そして政府・文部省は，この法制化が児童生徒の内心の自由を制約するものではないといいつつ，一方で，学習指導要領に従う校長の職務命令を有効とし，それに従わない教員は，地方公務員法に基づく懲戒処分の対象になると説明した。法律は，「第1条　国旗は，日章旗とする」，「第2条　国歌は，君が代とする」というものであり，国旗掲揚や国歌斉唱を国民に義務づける文言はない。つまり，学校教育の場で義務づけている根拠は，あいかわらず学習指導要領ということになる。そしてこの法制化をきっかけに，それまで卒業式や入学式で国旗・国歌とは無縁だった学校も，教育委員会の圧力を背景にした校長の命令によって，国旗の掲揚，国歌の斉唱をするようになった。

　2003（平成15）年10月23日，東京都教育庁は，「入学式，卒業式等における国旗掲揚及び国歌斉唱の実施について」という通達を全都立学校・区市町村教委に通知した。そこでは，日の丸，君が代の取扱いを細部まで提示し，従わない場合は「服務上の責任を問われる」とした。さっそく都教委は，2004（平成16）年2月，創立記念式典など学校行事の際に校長の職務命令に従わなかったとして教員10名を戒告処分した。その後，のべ436人の教職員が処分を受けている（2014年4月時点。「被処分者の会」まとめ）。

　この処分をめぐる一連の裁判があり，最高裁は，2011（平成23）年5月30日の第2小法廷の判決をはじめとして，3つの小法廷がそれぞれの判断を示してきた。各判決の共通する内容は，憲法19条（思想・良心の自由）にかかわり校長の職務命令が「間接的な制約」になっていることをまず認める。その上で，当該制約が「許容し得る程度の必要性及び合理性が認められるか否かという」基準を提示する。そして学校教育法，同法施行規則，学習指導要領，そして教員の「全体の奉仕者」性（憲法・地公法）から制約を許容しうる「必要性及び合理性」を確認し，職務命令が憲法19条違反ではないとする。最高裁は，この職務命令の合憲を前提に，懲戒処分（戒告）は裁量権の範囲内と判断している。しかし，戒告を超える懲戒処分については「慎重な考慮が必要」とし，戒告1

回の処分歴を理由にした減給処分は裁量権の範囲を超えるものとして違法という判断も示している (2012 年 1 月 16 日第 1 小法廷)。これら一連の最高裁判決には，裁判官の補足意見と反対意見がつけられている。職務命令自体を合憲とする判断についても，最高裁の判事たちには，それぞれ見解の相違が認められる。

3 教科書

教科書検定のしくみ

教科書とは何か。その法律上の定義は，以下のようになる。

教科書の発行に関する臨時措置法 2 条（以下「臨時措置法」）　この法律において「教科書」とは，小学校，中学校，高等学校，中等教育学校及びこれらに準ずる学校において，教科課程の構成に応じて組織排列された教科の主たる教材として，教授の用に供せられる児童又は生徒用図書であつて，文部科学大臣の検定を経たもの又は文部科学省が著作の名義を有するものをいう。

この臨時措置法は，1948（昭和 23）年制定の法律である。「臨時」という法律用語は，半世紀という長さも含むことがわかる。ここで教科書とは，教科に対応する教授用の図書であるから，たとえば，現在（2014 年）道徳は教科ではないので，「道徳」用の教科書はない。文科省が作成配布している道徳の冊子（『わたしたちの道徳』『私たちの道徳』）は，「教材」である。

ところで，教科用図書については，学校教育法で次のように定めている（中学校・高等学校・中等教育学校・特別支援学校は準用規定。）。

学校教育法 34 条（教科用図書・教材の使用）　小学校においては，文部科学大臣の検定を経た教科用図書又は文部科学省が著作の名義を有する教科用図書を使用しなければならない。
　②　前項の教科用図書以外の図書その他の教材で，有益適切なものは，これを使用することができる。
　③　第 1 項の検定の申請に係る教科用図書に関し調査審議させるための審

議会等（国家行政組織法（昭和23年法律第120号）第8条に規定する機関をいう。以下同じ。）については，政令で定める。

学校教育法では，教科用図書について，①文科大臣の検定を経たもの，②文科省が著作の名義を有するもの（国定），の2つを認めている。なお例外として，高等学校，中等教育学校の後期課程，特別支援学校並びに特別支援学級においては，文科大臣の定めるところにしたがって，学校教育法21条1項に規定する教科用図書以外の教科用図書を使用することができるとしている（附則9条）。

しかし，そもそも教科用図書とは何か，その検定のしくみは何かなど，学校教育法は一切定めていない。そのため文科省は，学校教育法の規定する「教科用図書」を臨時措置法の「教科書」と同一視し，さらに行政立法によって教科書検定のしくみを定めている。検定の手続および方法については「教科用図書検定規則」（省令）で，検定の基準については「義務教育諸学校教科用図書検定基準」（告示）および「高等学校教科用図書検定基準」（告示）がある。検定基準は，検定審査の基本方針（総則）のほか，各教科共通の条件と各教科固有の条件が定めている。

2014（平成26）年1月17日，下村文科相は「義務教育諸学校教科用図書検定基準」および「高等学校教科用図書検定基準」の一部を改正した。「社会科」「地理歴史科」「公民科」について，「選択・扱い及び構成・配列」において，禁止基準に「特定の事柄を強調し過ぎていたり」するものを加え，さらに次の2項目を新たに追加した（2016年度以降使用される教科書の検定から適用）。

「近現代の歴史的事象のうち，通説的な見解がない数字などの事項について記述する場合には，通説的な見解がないことが明示されているとともに，（児童又は）生徒が誤解するおそれのある表現がないこと。」

「閣議決定その他の方法により示された政府の統一的な見解又は最高裁判所の判例が存在する場合には，それらに基づいた記述がされていること。」

安倍首相は，「侵略戦争」について国際的な定義はないとし，第二次世界大戦における日本の戦争を侵略戦争とは認めてはいない。それを背景に，今回の検定基準改定の意味を考える必要があるだろう。

教科書採択

　教科書の採択とは，各学校で使用する教科書を決定することを意味する。採択権限は，公立学校ではその学校を所管する教育委員会にある（地教行法23条6項，教科書無償措置法13条）。義務教育諸学校の教科書については，広域な教科書採択地区を設定し，採択を行っている。採択権者は，都道府県教委の指導・助言・援助を受け，種目ごとに1種の教科書を選定する。2つ以上の市町村で採択地区が構成されている場合，構成市町村の教育委員会が協議して同一を教科書を採択することになる。

　なお，中等教育学校の前期課程および中高一貫教育をおこなう併設型の中学校においては，学校単位で採択する（教科書無償措置法13条）。また，高等学校については，法令上定めがないので，学校単位による教科書採択となっている。

　この教科書広域採択制度は，教師の教材選択の自由を著しくせばめるものであり，従来から批判が強かった。そのため，地域によっては教師の要望を取り入れるしくみを工夫してきている。

　教科書無償措置法の一部改正（2014年4月16日公布）により，都道府県の教育委員会が設定する採択地区が，「市若しくは郡の区域又はこれらの区域を併せた地域」から，「市町村の区域又はこれらの区域を併せた地域」に改められた（公布日より施行）。これにより，町教委が採択地区から独立して独自の教科書選択をおこなうことも可能になった。

4　教科書問題の歴史

第1の教科書攻撃（『うれうべき教科書の問題』）と教科書裁判

　1947（昭和22）年公布された学校教育法は，そもそも，次のような規定だった。

学校教育法21条　小学校においては，監督庁の検定若しくは認可を経た教科用図書又は監督庁において著作権を有する教科用図書を使用しなければならない（中学・高等学校は準用規定）。

学校教育法106条　……第21条第1項……の監督庁……は，当分の間，こ

れを文部大臣とする。但し，文部大臣は，その権限を他の監督庁に委任することができる。

つまり，検定は文部省（当時）の独占ではなく，いずれ，各都道府県教育委員会へと権限を移していくことを視野に入れていたのである。しかし，1953（昭和 28）年の法改正で，次のように変わってしまった。

学校教育法 21 条　小学校においては，文部大臣の検定若しくは認可を経た教科用図書又は文部大臣において著作権を有する教科用図書を使用しなければならない（中学・高等学校は準用規定）。

ここから，文部大臣（当時）による検定権限の独占が始まる。

1955（昭和 30）年，衆議院行政監査特別委員会が，教科書の販売にかかわる「不正」問題を取り上げた（「小，中学校における教科書関係事件」）。当初，教科書の販売・採択をめぐる問題が議論されたが，元文部省教科用図書分科審議会副会長という肩書きの石井一朝が証人に立ってから状況が変化した。石井は，日教組・日教組講師団の影響により，当時の教科書が左翼的に「偏向」しているという証言を国会で行ったのである。このときの石井証言をもとに，当時の日本民主党は『うれうべき教科書の問題』というパンフレットを作成した（第 1 〜 3 集）。しかし，それはあまりに稚拙な教科書批判であったため，世論の反発もあり，この教科書に対する批判は沈静化していくが，保守合同によって誕生した自由民主党は，中教審答申（12 月 5 日）に基づいて，具体的な教科書制度改正をめざす。ところが自民党は，地教行法の成立を優先したため，1956（昭和 31）年の国会で教科書法案の成立は失敗する。そのため文部省は，法律によらず，省令改正（教科書調査官制度創設など）という方法で，教科書統制を強めていくことになる。

教科書検定強化（戦争をロマンチックに描けなどと検定意見のついた「F 項パージ事件」など）に対して，当時，高校日本史教科書（三省堂）を執筆していた歴史学者家永三郎（当時東京教育大学教授）は，「あの悲惨な体験を経てきた日本人の一人としても，黙ってこれを見のがすわけにはいかない」（提訴の声明）として，文部省による教科書検定の不当性を広く国民に訴えるため，裁判という手段に

訴えた。この裁判は，32年間という長期にわたる憲法・教育裁判となる。

家永教科書裁判第1次訴訟（国家賠償請求訴訟・1965年）の高津判決（1審判決・1974年7月）では，現代の国家が福祉国家として教育内容の決定権をもつことを認めたが，検定16カ所について「不当」と判断した。鈴木判決（2審判決・1986年3月）は，1審で違法と判断した部分についても含め，検定意見には「一応の根拠」があったとして，すべて合憲・合法と判断した。上告審判決（1993年3月・第3小法廷）も，高裁判決を支持して，教科書検定はその基準も含め，必要かつ合理的範囲を越えていないとした。

第2次訴訟（行政処分取消訴訟・1967年）の杉本判決（1審判決・1970年7月）は，検定制度自体は違憲ではないが，家永教科書に対する検定は，検閲でありまた教育内容への不当な介入だとして違憲・違法と判断した。畔上判決（2審判決・1975年12月）は，検定制度にかかわる判断を避け，検定意見が一貫性に欠ける「気ままに出た検定」だとして手続き上の違法性についてのみ判断を行い，文部大臣の控訴を退けた。最高裁（1982年4月・第1小法廷）は，争点の判断以前に，学習指導要領の改訂に伴い，家永側に「訴えの利益」があるかどうかを検討するよう高裁に差し戻した。丹野判決（差し戻し高裁判決・1989年6月）は，結局「訴えの利益」なしとして，門前払いの判断を下した。

3次訴訟（国家賠償請求訴訟・1984年）の加藤判決（1審判決・1989年10月）は，争点8カ所（のべ10カ所）のうち，1カ所について裁量権の濫用を認めた。川上判決（2審判決・1993年10月）は，3カ所について違法と認定した。上告審判決（1997年8月・第3小法廷）は，さらに1カ所を加え，合計4カ所について裁量権の濫用があったとして違法と判断した。

教科書検定処分について，部分的にせよ違憲あるいは違法と認めた判決は6つあり，全面的に合憲合法とした判決は，2つにすぎないことを考えると，現行教科書検定は，法的にも十分な正当性をもちえていないといえる。教育法学説では，現行検定制度もしくはその運用において，憲法違反の疑いがあるという見解が多数であり，有力な学説である学校制度的基準説によると，検定制度は，届出制的・指導助言的制度であるべきだとされる。

第2の教科書攻撃

　1980（昭和55）年1月22日号『自由新報』は，「いま教科書は・教育正常化への道」という記事を掲載し，それは夏までに19回の連載となる（自由民主党『いま教科書は・教育正常化への道』1980年12月）。この執筆者は，「第1の教科書攻撃」の主役である石井であった。ところが，自民党政治家の勢力争いに巻き込まれ，石井は教科書批判の舞台からまもなく消えていく。そして森本真章（当時筑波大学講師）という人物が登場する。森本は，普通入手できない，公開前の検定教科書を入手し，公民教科書を中心に分析をおこなった。そして，教科書には権利ばかりで義務の説明が少ないという結論を導きだし，マスコミや国会において，教科書が「偏向している」と主張した。もともと文部省が検定している教科書が，著しく左翼的に「偏向」しているはずはなく，その批判には無理があった。世論の批判も高まり，教科書攻撃が下火になっていったとき，思わぬ教科書問題が起こった。教科書の国際問題化である。

　1982（昭和57）年夏，文部省は，1983年4月から使用する高校教科書の検定の一部を公開した。マスコミは，その報道の中で，南京大虐殺の事実を検定でゆがめたことや，日本の中国「侵略」を「進出」に書き換えさせたことを大きく報じた。日本の侵略戦争の歴史をあいまいにする教科書検定に対して，国内外から批判の声があがり，教科書検定は外交問題へと発展したのである。文部省は，自らの検定に非はないという立場を貫こうとしたが，政府は，中国・韓国に対して謝罪し，「是正措置」を約束することで一応の決着をはかった。その結果，教科書検定基準に「近隣のアジア諸国との間の近現代の歴史的事象の扱いに国際協調の見地から必要な配慮がされていること」（近隣諸国条項）がつけ加えられることになる。

第3の教科書攻撃

　1991（平成3）年1月，戦争中，慰安所などに旧日本軍が関与したことを示す資料が，研究者の手によって防衛研究所図書館で発見された。それまで政府は，軍が組織的に関与していたものではないという立場から，教科書検定では，慰

安婦に関する記述について削除修正をさせてきたのである。政府は，はじめて正式に慰安婦問題で謝罪をおこなった（当時宮沢喜一首相）。その後，教科書における「従軍慰安婦」の記述は，高校日本史教科書で1994年度用から，中学校は1997年度用からいっせいに登場することになった。

　1993（平成5）年8月，細川連立内閣首相は，記者会見で先の大戦について「私自身は侵略戦争であった。間違った戦争であったと認識している」と発言した。これはすぐ撤回されるが，自民党保守勢力は，相当の危機感をいだくことになる。すぐに自民党内の有力政治家らは「歴史・検討委員会」をつくる（同年8月23日。『大東亜戦争の総括』展転社（1995年）「あとがき」より）。この委員会の結論は，次の4点だった。①大東亜戦争は侵略戦争ではなく，自存・自衛の戦争であり，アジア解放の戦争だった。②南京大虐殺，「慰安婦」などの加害はデッチあげであり，日本は戦争犯罪を犯していない。③最近の教科書は，ありもしない侵略や加害を書いているので，新たな「教科書のたたかい」が必要である。④①と②のような歴史認識を国民の共通認識，常識にするために学者を使って国民運動をする必要がある。この右翼政治家たちは，のちに「靖国」派と呼ばれる。靖国神社が，過去の日本の侵略戦争を正しいものと宣伝するイデオロギー・センターとしての役割を，靖国神社が果たしているからである。

　1995（平成7）年1月，藤岡信勝（当時東大教授）を会長とする自由主義史観研究会が発足した。彼らは，1996（平成8）年1月から産経新聞に，「教科書が教えない歴史」という連載を開始する（～1997年）。1996（平成8）年6月，97年度から使用される中学校社会科教科書の文部省検定が公表されたが，藤岡らは，教科書の近現代史部分を読んで「暗澹たる思い」がすると批判を開始した。

　彼らは激しい教科書攻撃をおこないつつ，小林よしのり（漫画家），西尾幹二（当時電気通信大学），高橋史朗（明星大学）らとともに，1996（平成8）年12月「新しい歴史教科書をつくる会」を立ち上げ（結成1997年1月），中学校の歴史と公民の教科書を編集する。2000（平成12）年4月文部省に検定申請し，検定合格したこの教科書（扶桑社・2001年版）は，戦争を美化し肯定する内容となっており，そのため各地でこの教科書採択をめぐってトラブルを生じた。採択に失敗

した彼らは，2005年版で記述を大幅に修正し採択数の増加をはかるが，しかしこれもうまくいかず，組織分裂する（2006〜2007年。「つくる会」と「改正教育基本法に基づく教科書改善を進める有識者の会」（「教科書改善の会」＝日本教育再生機構））。現在（2014年），「つくる会」が自由社から，「教科書改善の会」が育鵬社（扶桑社の子会社）から，それぞれ中学歴史と中学公民の教科書を出版している。2011（平成23）年教科書採択（2012年度から4年間使用される教科書）の結果では，育鵬社版歴史教科書は採択数全体の3.7％，同公民教科書4.0％，自由社版歴史教科書は0.07％，同公民教科書0.05％となっている。なお育鵬社の採択部数の約55％は，横浜市の採択による（2011年11月1日文科省発表の採択数）。いわゆる「つくる会」系教科書といわれるこれら教科書の採択では，自民党が地方組織と地方議員に働きかけるなど，組織的に関与している。その特徴は，「つくる会」系教科書を支持する首長を通じて，その首長が任命した教育委員の過半数をとりこみ，学校現場の教員の意見や教科書採択委員会，選定審議会などの答申を無視して教育委員による投票で教科書を採択させることである（出版労連『教科書レポート』各年度版）。これには，教育への政治的介入との批判がだされている。

新教育基本法と教育内容行政

　安倍内閣のもと，2006（平成18）年12月15日，教育基本法が改正された（参院本会議可決）。新教育基本法の諸問題はこれまでの章で述べたとおりであるが，ここでは，教育内容行政との関係のみ説明する。

　新教育基本法は，その2条において，1〜5号にわたってくわしい教育目標を掲げている。法の構造全体からいえば，これは，家庭教育，学校教育，生涯教育などすべてにわたっての教育目標となっている。つまり，教育の私的な領域までに対しても国家の定めた教育目標を押しつけているようにみえる。しかし，教育行政について定めた条文は以下のようになっている。

　　教育基本法16条　教育は，不当な支配に服することなく，この法律及び他の法律の定めるところにより行われるべきものであり，教育行政は，国と

地方公共団体との適切な役割分担及び相互の協力の下，公正かつ適正に行われなければならない。

② 国は，全国的な教育の機会均等と教育水準の維持向上を図るため，教育に関する施策を総合的に策定し，実施しなければならない。

（3項，4項　略）

旧教育基本法 10 条の「不当な支配」の表現は，新教育基本法でも残された。文科省は，旧法規定の「不当な支配」の主体には教育行政も含まれるという解釈論争の余地を消したいという意図をもっていた。そのため，文科省は，①最高裁旭川学テ判決（1976 年 5 月 21 日）によって，「憲法に適合する有効な他の法律の命ずるところをそのまま執行する教育行政機関の行為が……『不当な支配』となり得ないことは明らか」とされている，②それゆえ，新教育基本法その他の法律によっておこなわれる教育行政は，「不当な支配」の主体とはいえない，③だから，文科省は教育内容にも関与できる，という論理を用いている（前文部科学審議官田中壮一郎監修・教育基本法研究会編著『逐条解説改正教育基本法』第一法規 2007 年）。

しかし，新教育基本法成立過程の国会審議において，最高裁学テ判決が教育行政機関に対しても「不当な支配」規定の適用がありうると判じていることを，文科大臣は認めた（2006 年 12 月 5 日，伊吹文科相）。つまり文科省の論理①は，判例の誤読である。そもそも行政機関は，憲法その他諸法律の規定に基づいて執行することは当然のことである。しかしそこに憲法違反，法令違反が生じるからこそ，行政裁判が成立するのである。行政機関無謬論の成り立つ社会は存在しない。

最高裁旭川学テ判決の趣旨，および日本国憲法および新教育基本法 16 条の規定より，教育内容に対して，教育行政機関が抑制的であらねばならないことは明らかである。

【高津　芳則】

参考文献

教育法規研究会編『学習指導要領の法的批判』勁草書房，1970 年

肥田野直・稲垣忠彦編『戦後日本の教育改革6・教育課程総論』東京大学出版会，1971年
兼子仁『〔新版〕教育法』有斐閣，1978年
徳武敏夫『日本の教科書づくり』みくに書房，1985年
歴史学研究会編『日本同時代史』全五巻，青木書店，1990年
芦部信喜編『教科書裁判と憲法学』学陽書房，1990年
平原春好『教育行政学』東京大学出版会，1993年
神田修『教育法と教育行政の理論』三省堂，1993年
永井憲一『教育法学』エイデル研究所，1993年
市川須美子・足立和志・青木宏治編『教育法学と子どもの人権』三省堂，1998年
「中央公論」編集部・中井浩一編『論争・学力崩壊』中公新書新書ラクレ，2001年
堀尾輝久『新版・教育の自由と権利』青木書店，2002年
日本教育法学会教育基本法研究特別委員会編『憲法改正の途をひらく教育の国家統制法』母と子社，2006年
浦野東洋一・佐藤広美・中嶋哲彦・中田康彦『改定教育基本法どう読みどう向き合うか』かもがわブックレット164，2007年
前文部科学審議官田中壮一郎監修・教育基本法研究会編著『逐条解説改正教育基本法』第一法規，2007年
教育関連15学会共同シンポジウム準備委員会編『新・教育基本法を問う』学文社，2007年
林博史・俵義文・渡辺美奈『「村山・河野談話」見直しの錯誤』かもがわ出版，2013年

索　　引

あ

アカウンタビリティ　47, 53, 77, 85
アカデミズム　125
旭川学テ判決　34
預かり保育　67
新しい歴史教科書をつくる会　149
安定性　21
慰安婦問題　149
育児不安　70
意見表明権　35
一時保育　70
一条校　96
一種免許状　122
一般会計　77, 85
一般行政からの独立民主制　21
一般財源　82
一般免許状　133
うれうべき教科書の問題　146
英語教育の在り方に関する有識者会議　134
ADHD　45
NPO法人立学校　12
LD　45
公の性質　96

か

改善勧告　65
ガイドライン　58-60
開放制免許制度　126
科学技術庁　24
学芸員　119
学習指導要領　10
学習障害　45
学問の自由（憲法第23条）　14
学級編制　100
学校管理規則　10, 99
学校教育法　63

学校運営協議会　54-57, 61
学校関係者評価　59-62
学校管理規則　10
学校協議会　53, 57
学校制度的基準説　140
学校設置基準　97, 99
学校設置義務　98
学校の自主性・自立性　11
学校評価　47, 58, 59, 61
学校評議員　47, 53, 54, 56, 61
学校編制　100
学校法人　11
家庭教育の自由　31
ガバナンス改革　13
株式会社立学校　12
カリキュラム　135
環境醸成・助長行政　113, 114
款・項・目・節　89
管理委託制度　119
管理教育　36
管理主事　23
機関委任事務　28
基準財政収入額　86
基準財政需要額　86
規制改革・民間開放（構造改革）　12
基礎資格　123
基礎免許状　133
義務教育学校制度　134
義務教育諸学校の教科用図書の無償措置に関する法律　38
義務教育諸学校等の施設費の国庫負担等に関する法律　104
義務教育の無償　93
義務教育費国庫負担金　10, 28, 80
義務教育費国庫負担制度　82
義務教育費国庫負担法　103
義務教育免許状　134

旧教育基本法1条　14
　　——10条1項　14
教育委員　17
教育委員会　7, 8, 17
　　——事務局　17
　　——による職員人事　11
教育改革国民会議　25
教育活動に対する規制　10
教育活動に対する助成　10
教育課程　135
教育基本法（旧教育基本法の全部改正による新教育基本法）　15
教育行政の大綱　19
教育行政の法律主義　13
教育公務員特例法　131
教育再生会議　25
教育再生懇談会　25
教育再生実行会議　25
教育・児童福祉施策連携協議会　72
教育事務所　23
教育条件の整備　93
教育職員候補者採用選考　121
教育職員免許状　121
教育職員免許法　122, 123
　　——施行規則　123
　　——施行規則66条の6に関する科目　123
教育振興基本計画　95
教育政策　15
教育訴訟　33
教育長　17
教育の外的事項　94
教育の自主性　14
教育の内的事項　94
教育扶助　104
教育を受ける権利（憲法26条）　14, 93
教員給与　103
教員採用等の改善について（審議のまとめ）　128
教員籍　23
教員の採用及び研修について　127
教員の地位に関する勧告　131
教化・動員　111
教科書検定　143
教科書採択　145

教科書裁判　145
教科書の国際問題化　148
教科書の発行に関する臨時措置法2条　143
教科に関する科目　123
教科又は教職に関する科目　123
教科用図書検定規則　144
教師の倫理綱領　131
教職員の加配　102
教職生活の全体を通じた教員の資質能力の総合的な向上方策について　133
行政事業レビュー　83-85
行政職　23
競争試験　127
国親　33
経済財政運営と構造改革に関する基本方針2003（骨太方針第3弾）　72
継続性　21
欠格条項　132
研究と修養　121, 129
原局　24
研修　129
県費負担教職員　30, 103
権利主体としての子ども　35
公運審　119
公教育の宗教的中立性　34
公選制　21
構造改革特区（教育特区）　12
公民館　113, 115, 116
公民館運営審議会　115
公立義務教育諸学校の学級編制及び教職員定数の標準に関する法律　29, 97
公立高等学校の適正配置及び教職員定数の標準等に関する法律　97
国民の教育権論　14
子育て支援　63, 69, 70
子育て不安　70
国家の教育権説　32
国家の教育権論　15
国旗国歌法　141
子ども・子育て応援プラン　71
子ども・子育て会議　76
子ども・子育て関連3法　75
子ども・子育て支援新制度　66, 73-75
子ども・子育て支援法　75

子ども・子育て支援法及び認定こども園法の一部改正法の施行に伴う関係法律の整備等に関する法律　75
子ども・子育てビジョン　71
子どもと家庭を支援するための文部省・厚生省共同計画　72
子どもの権利条約　35
子どもの最善の利益　32
コミュニティ・スクール　47, 53-58
5領域　68
コンクリートから人へ　83

さ

最高裁旭川学テ判決　140
歳出予算　77
歳入予算　77
財務省　27
三位一体（の）改革　28, 81-73
試案　137
主幹教諭　51
指揮・監督　21
事業仕分け　84
自己決定権　35
自己評価　58-62
自主研修　130
支出負担行為　90
司書　119
施設型給付　75
施設主義　112, 113
自然権　33
思想善導　110
市町村中心主義　116
市町村立学校職員給与負担法　103
執行機関　21
執行機関多元主義　20
質（の）保証　47, 58
指定管理者制度　12, 119
指導行政　28
指導教諭　47, 50-52
指導主事　23
児童福祉施設　64
　　──最低基準　65
児童福祉法　64
師範学校　124

師範学校令　125
師範タイプ　125
事務次官　24
社会教育委員　115, 117
社会教育主事　114, 117
社会保障審議会児童部会　72
自由あそび　69
就学援助　38, 104
就学義務　37
就学費無償説　38
就学前の教育・保育を一体として捉えた一貫した総合施設について（審議のまとめ）　72
就学前の子どもに関する教育，保育等の総合的な提供の推進に関する法律（認定こども園法）　72
就学猶予・免除者数　44
十年経験者研修　130
住民自治　114, 115
就労支援　63, 70
受益者負担　119
主幹教諭　47, 50, 52
授業料無償説　38
首長　8
　　──の職務権限　8
　　──部局　17
順良・信愛・威重　125
小一プロブレム　74
生涯学習の振興のための施策の推進体制等の整備に関する法律　109
小学校学習指導要領　136
小中一貫教育　134
職員会議　47-51, 57
職務権限　8, 20
助言・指導　114
初等中等教育局　25
初任者研修　130
自律性　90
信教の自由　34
人事院規則8-12　127
杉本判決　94
聖職感　131
政令改正諮問委員会　137
政令指定都市　86
節間流用　90

設置者管理主義　10, 97, 103
選考　127
選考権者　127
専修免許状　122
専任化　21
専門学校　124
専門職論　131
専門免許状　133
総額裁量制　82, 104
早期教育　64
争議権　132
総合教育会議　8, 19
相当免許状主義　121
総務省　27

た

第1の教科書攻撃　145
大学における教員養成　126
待機児童　71, 73-75
　　　――対策　66
　　　――問題　70
大綱的基準説　139
第三者評価　59-62
第3の教科書攻撃　148
大臣官房　24
第2の教科書攻撃　148
立入調査　65
団結権　132
団体交渉権　132
団体主義　112
地域型保育給付　75
地域活動事業　70
地域子育て支援拠点　75
地域子ども・子育て支援事業　75
地方教育行政の組織及び運営に関する法律　17
地方交付税　81
地方自治法　88
地方分権一括法　11
地方分権推進委員会　72
注意欠陥・多動性障害　45
中央教育審議会　25
　　　――幼児教育部会　72
中立性　21
帝国大学　124

道徳　136
道徳に係る教育課程の改善等について（答申）　134
特定財源　82
特別会計　77, 85
特別支援教育　45
特別非常勤講師　122
特別免許状　122
図書館　113, 115, 119
図書館協議会　115
鳥取県幼児教育振興プログラム　75

な

内外事項区分論　14
二種免許状　122
2020年とそれ以降を見据えた英語教育の充実・強化　134
日曜参観訴訟　34
乳幼児保育に関する相談・助言　70
認可外保育施設　63, 65
認証保育所　66
認定こども園　66, 72
認定こども園法　72
　　　――の一部改正　75
任命権者　129
任命承認制　28
任命制　21
ノーマライゼーション　44

は

博物館　113, 115, 119
博物館協議会　115
派遣社会教育主事　117
発達保障　63, 70
非権力的行政　114
日の丸・君が代問題　141
開かれた学校づくり　53, 56, 57
副校長　47, 48, 51, 52
普通会計　85
普通免許状　122
不当な支配　137, 150
プロフェッショナリズム　125
プロフェッショナルリーダーシップ　18
分権改革　28

閉鎖的目的養成　125
保育一元化　71
保育園　64
保育所　63, 64
　　──保育指針　67, 68
保育内容　69
保育に欠ける　65, 67
保育要領　68
放課後児童クラブ　75
法定受託事務　28
法的拘束力　136
保護者の権利　32
補助負担金　27
補正予算　79
骨太の方針2006　74
保・幼・小（の）連携　73, 74

ま

学び続ける教員像　133
満3歳児就園　67
民間人校長　48
免許外教科担当　128
文部科学省　7, 24
文部省　24
文部省師範学校中学校高等女学校教員検定試験（文検）124

や

養護学校義務化　44
幼児教育振興アクションプログラム　74, 75

幼児教育振興プログラム　74, 75
幼児教育の振興に関する調査研究協力者会議　73
幼・小，保・小の接続　73
幼稚園　63
幼稚園教育振興計画　74
幼稚園教育要領　67, 68
「幼稚園と保育所の施設の共用化等に関する指針」　72
幼保一元化　71, 74
　　──施設　66
幼保一体型施設　72
幼保二元制　66, 67, 73
幼保連携型認定こども園　66, 73, 75, 76
　　──教育・保育要領　68
予算執行権　90

ら

ラングラン，P.　108
リカレント教育　108
利用者支援　75
臨時教育審議会　25
臨時免許状　122
レイマンコントロール　18
労働基本権　132

わ

「我が国と郷土を愛する」態度　15
私事の組織化　32

［編者紹介］

勝野　正章（かつの　まさあき）

1965 年生まれ
東京大学教授
〈主著書〉
『教員評価の理念と政策』エイデル研究所
D. ロートン『教育課程改革と教師の専門職性』（訳）学文社，ほか

藤本　典裕（ふじもと　のりひろ）

1959 年生まれ
東洋大学教授
〈主著書〉
『教職入門』図書文化
『教育と教育基本法』勁草書房，ほか

教育行政学　改訂新版

2005年10月 1 日	第 1 版第 1 刷発行
2007年 9 月10日	第 1 版第 2 刷発行
2008年 4 月 5 日	改訂版第 1 刷発行
2013年 3 月 5 日	改訂版第 8 刷発行
2015年 3 月10日	改訂新版第 1 刷発行
2016年 9 月15日	改訂新版第 3 刷発行

編者　勝野　正章
　　　藤本　典裕

発行者　田中　千津子

発行所　株式会社　学文社

〒153-0064　東京都目黒区下目黒 3 - 6 - 1
電話　03（3715）1501 代
FAX　03（3715）2012
http://www.gakubunsha.com

印刷　新灯印刷

ⒸM. Katsuno/N. Fujimoto 2005
乱丁・落丁の場合は本社でお取替えします．
定価は売上カード，カバーに表示．

ISBN 978-4-7620-2490-0